"十三五"国家重点图书项目

国家出版基金项目
NATIONAL PUBLICATION FOUNDATION

中国越南老挝柬埔寨文化交流史

梁志明◎著

一带一路

中外文化交流史

何芳川◎主编

国际文化出版公司
·北京·

图书在版编目（CIP）数据

中外文化交流史．中国越南老挝柬埔寨文化交流史 / 何芳川主编；梁志明著．-- 北京：国际文化出版公司，2020.12

ISBN 978-7-5125-1275-7

Ⅰ．①中… Ⅱ．①何… ②梁… Ⅲ．①中外关系－文化交流－文化史－越南、老挝、柬埔寨 Ⅳ．① K203 ② K330.3

中国版本图书馆 CIP 数据核字 (2020) 第 264012 号

中外文化交流史·中国越南老挝柬埔寨文化交流史

主　　编	何芳川		
作　　者	梁志明		
统筹监制	吴昌荣		
责任编辑	戴　婕		
出版发行	国际文化出版公司		
经　　销	全国新华书店		
印　　刷	文畅阁印刷有限公司		
开　　本	710 毫米 ×1000 毫米	16 开	
	7 印张	100 千字	
版　　次	2020 年 12 月第 1 版		
	2020 年 12 月第 1 次印刷		
书　　号	ISBN 978-7-5125-1275-7		
定　　价	45.00 元		

国际文化出版公司

北京朝阳区东土城路乙 9 号　　邮编：100013

总编室：（010）64271551　　传真：（010）64271578

销售热线：（010）64271187

传真：（010）64271187—800

E-mail：icpc@95777.sina.net

目录

Contents

第一章

中越关系的源头与早期经济文化联系

中越两国山水相连，两国陆地边界长达 1650 公里。自古以来，就有许多条天然通道，成为两国人民之间联系的交通纽带。两国人民之间的历史文化关系和友好联系可以追溯到远古时期，但公元前 3 世纪以前，两国关系没有确切的文字记载，只有通过考古资料和借助神话传说来描述其发展轨迹，而公元前 3 世纪末以后的中越关系史则是有文字可考，有信史为据的。学术界一般将它划分为 4 个时期：

一是郡县时期，公元前 3 世纪末至 10 世纪中叶，这一时期约一千多年，今天的越南北部和中北部处于中国封建王朝的统治之下，和中原内地一样，设置郡县，受中央王朝派驻的官吏治理，与中原地区有紧密的联系。

二是“宗藩”时期，10 世纪中叶至 19 世纪下半期，这一时期约九百多年，是越南自主的封建国家建立与兴衰的时期，也是中越两国邦交关系发展的时期。越南脱离中国而独立建国，但诸封建王朝与中国封建王朝在政治上建立“宗藩”关系，其间虽有冲突与战争，但经济文化等方面仍保持密切的持续的交往。

三是殖民时期，19 世纪末至 20 世纪中叶，这一时期近 100 年，中越两国相继沦为西方殖民主义的半殖民地和殖民地，第二次世界大战时期又同样遭受日本军国主义的侵略。但殖民统治阻隔不了两国的传统友谊和文化联系，却使两国形成唇齿相依、休戚与共的战斗友谊和互助的关系。

四是睦邻时期，第二次世界大战的胜利为中越两国建立独立、平等和友好的睦邻关系开辟了广阔的道路，1945 年 9 月越南民主共和国诞生，1949 年 10 月中华人民共和国成立，中越两国形成同志加兄弟的友好关系，虽有曲折，但政治、经济与文化等各方面的联系空前广泛而全面地发展起来。

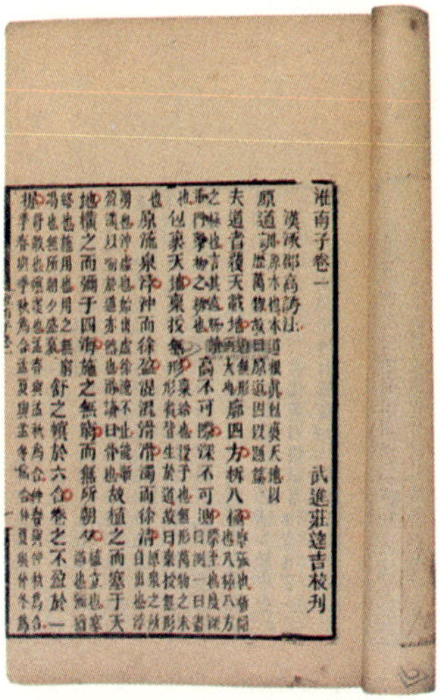

清代庄逵吉本《淮南子》

中越的早期经济文化接触

研究中越关系的学者指出：“在环绕中国的邻邦中，与中国接触最早、关系最深、彼此历史文化实同一体的，首推越南。”[1] 在中越关系发展的长河中，文化交流是双方密切联系的重要纽带。

我国先秦古籍有许多关于神农、颛顼、尧、舜等中国传说中的先贤人物有关“南抚交趾”或“南

① 郭廷以：《中越一体的历史关系》，载《中越文化论集》（一），台湾中华文化出版事业委员会，1956 年版第 1 页。

至交趾”等记载。例如，《淮南子》载：“昔者神农之治天下也……其地南至交趾。”[①]《史记》载：“帝颛顼高阳者，黄帝之孙而昌意之子也……北至于幽陵，南至于交趾。”[②]

此外，《尚书大传》和《墨子》等均有尧治天下，“南抚交趾”的记载。[③]交趾乃我国古籍对于今越南北部地区之称呼。这些带有传疑性的记载从一个侧面反映了早在战国、春秋或者更古的上古时代，中原地区便与远在南方的交趾有着直接或间接的联系了。

中越两国关于民族起源的神话传说都显示出对龙的崇拜，也折射出上古时期的中越之间的亲缘关系。中国人称自己是“龙的传人”，而越南人则常说自己是“龙子仙孙”。越南古史记载：炎帝神农氏三世孙帝明，生帝宜。既而南巡至五岭，接得婺仙女，生泾阳王，名禄续。王圣智聪明，帝明奇之，欲使嗣位，王固让其兄，不敢奉命。帝明于是立帝宜为嗣，治北方，封王为泾阳王，治南方，号赤鬼国。王娶洞庭君女，曰神龙，生貉龙君。貉龙君娶帝来女，曰妪姬，生百男，是为百粤之祖。一日谓妪姬曰，我是龙种，你是仙神。水火相剋，合并实难，乃与之相别。分五十子从母归山，五十子从父居南。封其长为雄王，嗣君位。雄王建国号“文郎国”。[④]这个关于炎帝神农氏后裔“雄王”建立“文郎国”的神话

① 《淮南子》主术训。
② 《史记·五帝本纪》。
③ 参阅《尚书大传》和《墨子》节用。
④ 参见越南14世纪的古代编年史《越史略》《大越史记全书》和神话传说著述《岭南摭怪》。

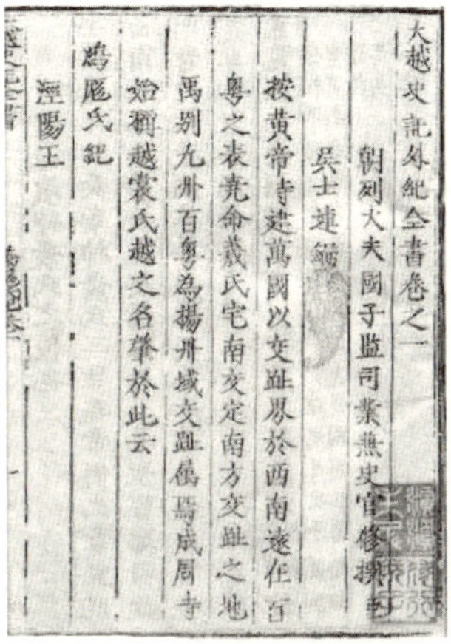
大越史記外紀全書卷之一
朝列大夫國子監司業兼史官修撰
吳士連編
按黃帝時建萬國以交趾界於西南遠在百
粵之表堯命羲氏宅南交定南方交趾之地
禹別九州百粵為揚州域交趾屬焉成周時
始稱越裳氏越之名肇於此云
鴻龐氏紀
涇陽王

越南古代史学家吴士连撰写的《大越史记全书》内文中的一页

故事被越南古代史学家吴士连写入了《大越史记全书》，[①] 成为越南正史的内容。

中国历来以黄帝和炎帝为始祖，中华民族为炎黄子孙，而越南人则认为越族系炎帝神农氏的后代，并把炎帝、黄帝和伏羲氏写入史书，供于神庙。传说中显然杂有许多神话成分，为学界质疑，但透过上述神话故事，却可以看出自古以来中越两国人民亲密的历史联系。

考古发掘资料是比神话传说更为有力的证据，中国南方和越南的史前文化遗迹的发现进一步地证实中越两国人民之间悠久的密切的联系。越南旧石器和新石器的文化遗址中出土的许多实物与中国华南发现的文物属于相似的类型，如1926—1927年法国考古学家科拉尼（M.Colali）在越南北部和平省发现的旧石器时代晚期至新石器中期的文化遗址，被称为“和平文化”，它是东南亚地区这一时期的代表性文化。其特点是分布于沿江沿海的台地或石灰岩洞穴中，以砾石为原料，打制的器物以砍砸器和刮削器为主，磨制器物又都是先打琢再加磨，与中国南方的文化遗址内出土的器物有明显的相似之处。华裔美国考古学家张光直教授指出，新石器中期中国南方与

① ［越］吴士连：《大越史记全书·外纪》卷一。

东南亚实际上属于同一文化区域。[①] 考古材料表明，中国南方新石器时代出土的有段石锛和有肩石斧是扬子江以南的百越民族创造的，它比越南和东南亚发现的同一类型器物在年代上要早。据民族学家研究，在新石器时代，中国南方属于百越民族的族群不断迁徙入中南半岛，正是古代移民将此类器物传入东南亚。在越南和东南亚新石器时代和青铜时代遗迹中发现的陶器实物中，有大量的与中国南方发现的类似的印纹陶。越南冯原文化遗址出土有制陶工具，器物有圜足釜、圈足瓮、陶瓶等，纹饰多样。到东山文化时期，越南已普遍使用转轮制作陶器，类型属印纹陶。[②] 学者们对中国南方和东南亚的印纹陶做了比较研究，指出它们在制作、造型和纹饰上都很相似，说明至少在三千多年前，中国南方兴盛发达的几何印纹陶，就已经传播到了东南亚，给当地制陶业很大的影响。[③] 但越南和东南亚的几何印纹陶带有本地的风格与特色。越南和马来西亚陶器上几何形的米字纹、锯齿纹、连环纹和写真性的花瓣纹、叶状纹、树枝纹等都为中国南方印纹陶中所不见。

1924 年，在越南中部清化省东山县发现的青铜时代的文化遗址中，出土了许多青铜器物和少量铁器，包括工具（犁、锄、锥）、兵器（斧、钺、剑、匕首、箭、甲胄）、用具（镜、壶、盅、篮、瓶）、装饰品（环、镯、带钩）和铜像、钱币等。一些铜器属于

① 张光直：《中国南部史前文化》，载《中央研究院历史语言研究所集刊》第 42 卷第 1 分册，台北，1970 年。

② 参阅［越］黎文兰：《越南青铜时代的第一批遗迹》，梁志明译，中国古代铜鼓研究会，1982 年，第 165 页。

③ 彭适凡:《中国南方古代印纹陶》，文物出版社，1987 年版第 271 ～ 384 页。

中国战国时期（前 4—前 3 世纪）及汉代（前 2 世纪—公元初年），如铜剑、铜镜、铜瓶和五铢钱、王莽钱。特别引人注意的是，东山文化遗址出土了一批造型独特、纹饰繁茂的青铜鼓，与中国南方少数民族地区发现的铜鼓十分相似。

古代铜鼓是一种青铜铸造的打击乐器。它是中国南方和东南亚地区民族创制的一种古老而独具特色的文物，分布于中国西南和东南亚大多数国家。中国的云南和广西、越南北方、泰国东北部均有重大发现。它是青铜时代人类生产技术，尤其是青铜工艺制造技术发展到一定水平的产物。铜鼓在社会生活中的基本功能是祭祀仪式中的一种乐器，逐步发展为象征权威的神器，用于集合部众和号令战士出征，也可作为象征财富的重器以及赏赐品和殉葬品等，在原始社会晚期，是一种重要的器物。现代中国西南少数民族和越南等东南亚国家在节日、庙会时还敲打铜鼓。铜鼓的文化与艺术价值在于它与其他青铜器不同，其鼓身、鼓面等部位均铸有繁缛多样的花纹图饰。越南发现的“东山铜鼓”上有太阳纹、鸟纹、羽人纹、船纹、蛙纹等等，与中国南方出土的铜鼓相似。尽管中越两国研究者对古代铜鼓的发源地、年代和“谁影响了谁”等问题有不同的意见，但一致承认两国的青铜文化有密切关系，又各具自身的特点。笔者认为，古代铜鼓是中国南方和越南等东南亚许多地区古代居民都使用过的文化遗物，在这两个地理毗邻，环境相似又各有不同的区域内，从新石器时期就有频繁的交往，到青铜时代双方交流更多，彼此之间相互影响是很自然的。中越两国境内出土的铜鼓既有跨越今日国界的相互联系发

越南东山铜鼓，藏于越南历史博物馆

展的相似性，又存在各自的地区性特色。[①]

中原与越南地区的移民交往和经济交流

古代越南人为百越人的一支，称雒越人，分布于红河中下游两岸地区，濒江海而居。约在公元前 4 世纪至公元前 3 世纪，雒越人组成部落联盟，建立了传说中的“文郎国”。公元前 3 世纪，文郎部落被来自东北部的蜀部落击败。蜀部落由瓯越人组成，首领为“蜀王子泮”。瓯越人合并雒越部落，建立“瓯雒国”。“文郎国”和“瓯雒国”就是越南史学界所说的“历史黎明时期的国家”。[②]

① 参阅梁志明、郑翠英：《论东南亚古代铜鼓文化及其在东南亚文化发展史上的意义》，载《东南亚研究》2001 年第 5 期。

② 越南社会科学委员会编著：《越南历史》，北京大学东语系译，人民出版社，1977 年版第 15 页。

据已知的发掘资料，雒越人学会铸铜技术，使用铜斧、铜矛，铸制了铜鼓，并在肥沃的红河三角洲地区，利用“潮水上下”，灌溉和种植水稻。中国古籍记载：“交趾昔未有郡县立之时，土地有雒田，其田从潮水上下，民垦食其日，因名为雒民，设雒王、雒侯，主诸郡县，县多为雒将，雒将铜印青绶。”[①]至“瓯雒国”时，其首领称“安阳王”，都城在今河内附近，盘旋如螺形，有内外两层，称为螺城。[②]在古螺城南还发现上万支铜箭矢。据中国学者研究，公元前3世纪以前生活在红河三角洲地区的雒越人仍处于原始社会父系氏族公社的发展阶段。当时虽出现贫富分化，建立了“部落联盟式的国家”，但尚无文字，没有建立真正意义上的国家，雒越人社会处于“文明的门槛上”。[③]

可靠的文献资料表明，早在两千多年前，中国中原地区人民就与今越南地区有交往。

公元前214年，秦始皇出动军队略定岭南地区后，设南海、桂林、象三郡。象郡包括今越南北方部分地区，秦朝曾向该地区移民，与越人杂处，一些秦朝军士在当地居住。秦朝末年，公元前207年，南海郡尉赵佗（今河北正定人）割据岭南，建“南越国”地方政权，其中心在番禺（今广州），势力深入越南北方，并设交趾、九真二郡。南越政权期间，今越南地区的雒越人已进入农耕社会，

① 《交州外域记》，载《水经注》卷三七，叶榆河。

② ［越］陶维英：《越南古代史》上册，商务印书馆，1976年版第215～216页。

③ 参阅王民同主编：《东南亚史纲》，云南大学出版社，1994年版第58～59页；戴可来、于向东主编：《越南》，广西人民出版社，1998年版第4页。

位于广东省河源市的赵佗雕像

此时中原的金、铁、田器、马、牛、羊和缯布，以及中原文化开始进入雒越人地区。越南古史记载，赵佗之子仲始曾娶“瓯雒国”的公主媚珠为妻，[①] 这可能是中原与交趾地区通婚的最早记录。

西汉初年（前 111），汉武帝灭南越政权，在原“南越国”地区设立 9 个郡，其中交趾、九真、日南三郡在今越南北部和中部顺化以北地区。西汉元始元年（公元 1 年），汉中人锡光任交趾郡太守，经过他二十多年的治理，农业已比较发达，但中部九真郡（今清化、义安）仍“俗以射猎为业，不知牛耕”，烧草种

① 《交州外域记》，载《水经注·叶榆河》；又载《越史略》和神话传说著述《岭南摭怪》。

田，粮食匮乏。东汉建武五年（29），南阳人任延出任九真太守4年，他下令“铸作田器，教之垦辟”，扩大耕地面积，使九真“田畴岁岁开广，百姓充裕”。任延还推广中原婚姻制度，使“男年二十至五十，女年十五至四十，皆以年齿相配……同时相娶者二千余人”。锡光和任延对当地的经济开发和文化发展做出了重要贡献，汉字和中原文化礼教在越南北方传播起来。《后汉书》说：“光武中兴，锡光为交趾，任延守九真，于是教其耕稼；制为冠履，初设媒娉，始知姻娶；建立学校，导之礼义。”①

东汉初年发生越南史上称为“二征起义”的反抗事件。建武十六年（40），交趾麋冷县氏族贵族后裔征侧、征贰姊妹举兵起义。起义获九真、日南等地响应，攻略岭外65城，侧自立为王。汉武帝遣马援率水陆大军于公元44年镇压了起义，二征被俘殉难。②二征起义是封建朝廷与地方豪强势力和当地民众矛盾激化的产物，在一定程度上也反映了中原文化传播进程中与地方越族的氏族贵族体制和传统文化之间的撞击和冲突。马援在进军过程中，为郡县建筑城廓，开凿沟渠，灌溉农田，确立封建郡县制，大力推行汉朝政法制度，使当地旧的雒侯雒将制瓦解，政治体制进一步封建化。为安抚当地人士，他“条奏越律与汉律驳者十余事，与越人申明旧制以约束之”。③马援大军班师时，有部分士兵留居当地，娶妻生子，繁衍后代，悉姓马，称“马流（留）人”。④

① 《后汉书·南蛮传》。
② 《后汉书·南蛮传》。
③ 《后汉书·马援传》。
④ 《水经注·温水》。

由于经济与社会的发展，生活稳定，汉代后期，交趾、九真、日南三郡的人口增加。《汉书·地理志》关于当时人口有如下的记载①：

表1

郡名	户数	人口
交趾	92440户	746237口
九真	35743户	166013口
日南	15450户	69485口
合计	143643户	981735口

由此可见，自秦汉在今越南北方建立郡县以来，由于铁制农具和牛耕技术的推广，促进了生产力提高，农业增产，城廓修建，人口也迅速增加。

作为中原文化载体的汉字的输入，促进了中原文化的传播；学校的创立又使当地人有了文化知识，法制和文明风尚传播发展起来。受到中原文化与社会习俗的影响，交趾、九真、日南三郡社会发生急剧变化，由原始氏族社会末期向文明礼教的封建社会过渡。

中原士人和官吏在传播汉文化过程中发挥了重大作用。2世纪末（东汉末年至三国时），士燮任交趾太守，在任40年（187—226），其兄弟数人分任九真、合浦和南海诸郡太守。士燮“学问优博”，又“达于从政”。在东汉末年诸侯逐鹿中原，天下大乱之际，他治理交趾，保一方平安，民皆乐业。不少中原士人学者前往避难。士燮大力提倡诗、书、礼、乐，注解《左传》《春秋》和《五经》，礼贤下士，优待南下的中原文化学者，中原文化和孔子学说在交

① 《汉书·地理志》。

趾地区广泛传播。[①] 越南古代史学家吴士连称赞士燮之功绩说:“我国通诗书,习礼乐,为文献之邦,从士王始。”[②]

此后从魏晋南北朝至隋唐时期,越南作为中国的郡县,政治、经济和文化进一步发展。

隋唐时期,中央王朝在交州建立地方军政机构,唐高宗调露元年(679),在交州设置安南都护府,“安南”之名由此始。都护府下设州、县、乡各级地方政府,少数民族聚居地区则设有几十个“羁縻州”进行管辖,中央朝廷势力和影响深入边远山区。唐代安南的农业、手工业和商业都已相当发达,不但种植了一年两熟的双季稻,发展了植桑养蚕业,炼铁、铸铜和制陶业也兴盛起来,而且修筑了防洪堤坝和灌溉沟渠。安南与内地一样,按照中央朝廷的规定,实行“租庸调”制,后又推行“两税法”,并向中央朝廷上供方物(称“土贡”)。

唐代安南物产丰富,交通空前发达,不但与广州和内地有海陆交通往来及频繁的贸易关系,而且与海外也有密切的经贸联系。儒学在安南士人中普及,文化发展也不逊于内地。唐承隋制,通过科举考试选拔和网罗各地人才,在安南也不例外。朝廷曾诏谕安南都护府的官吏向京师贡士。唐德宗年间(780—805),爱州(今越南清化)人姜公辅、姜公复兄弟有才学,曾游学长安。公辅考上进士,补校书郎,为翰林学士。“公辅有高材,每进见,敷奏详亮,德宗器之。”建中四年(783)官至谏议大夫、同中书门上

① 《三国志·吴志·士燮传》。
② [越]吴士连:《大越史记全书·外纪》卷三。

平章事，[1]职位相当于宰相，为唐时名相之一。据考，姜公辅卒于顺宁永贞元年，葬于福建南安九日山下，今南安有“姜相峰”墓地和姜公祠庙。张秀民先生赞誉：“以安南人入仕内地，官至宰相，姜氏实为空前绝后的第一人。”[2]

唐德宗像

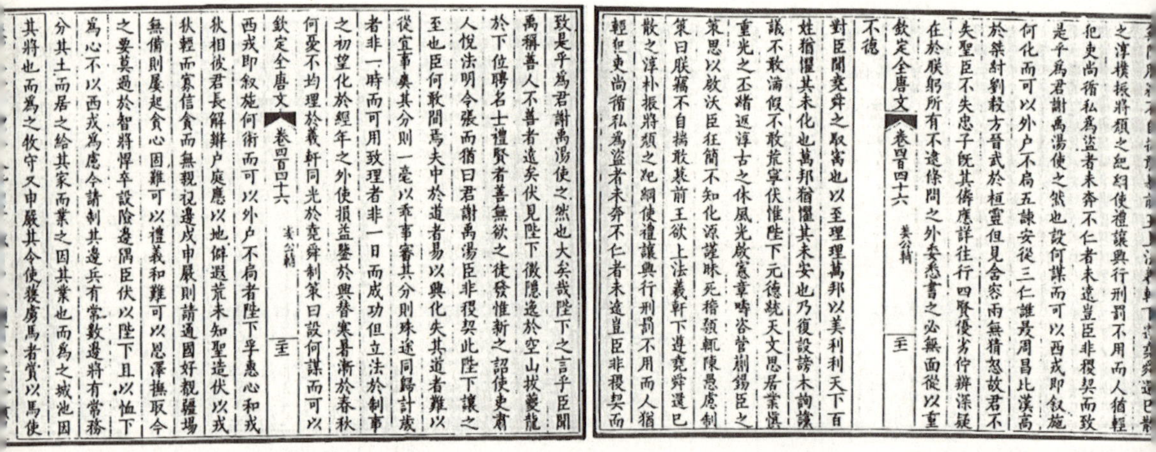

之淳樸振將頹之紀紉使禮讓興行刑罰不用而人猶輕
犯吏尚循私爲盜者未奔不仁者未遠豈臣非稷契而致
是乎爲君謝禹湯使之然也設何謀而可以西戎即叙旄
何化而可以外户不扃五諫安從三仁誰見周昌比漢高
於桀紂劉毅方晉武於桓靈但見含容而無猜怒故君不
失聖臣不失忠子既其儔應詳往行四賢優劣佇辯深疑
在於朕躬所有不逮條問之外委悉書之必無面從以重
欽定全唐文 卷四百四十六 姜公輔 圭
不德
對臣聞堯舜之馭寓也以至理理萬邦以美利利天下百
姓猶懼其未化也萬邦猶懼其未安也乃復設謗木詢讜
議不敢滿假不敢荒寧伏惟陛下元德就天文思居業愼
重光之丕緒返淳古之休風光啟憲章疇咨管蒯錫臣之
策思以啟沃臣狂簡不知化源謹昧死稽顙輒陳愚慮制
策曰朕竊不自揣敢慕前王欲上法羲軒下遵堯舜還巳
散之淳朴振將頹之紀綱使禮讓興行刑罰不用而人猶
輕犯吏尚循私爲盜者未弃不仁者未遠豈臣非稷契而
致是乎爲君謝禹湯使之然也大矣哉陛下之言乎臣聞
禹稱善人不善者遠矣伏見陛下徵隱逸於空山拔夔龍
於下位聘名士禮賢者善無欲之徒發惟新之詔使吏書
人悅法明令張而猶曰君謝禹湯臣非稷契此陛下讓之
至也臣何敢間焉夫中於道者易以興化失其道者難以
從宜事與其分則一毫以乖事審其分則殊途同歸討歲
者非一時而可用致理者非一日而成功但立法於制事
之初望化於經年之外使損益鑒於興替寒暑漸於春秋
何憂不均理於羲軒同光於堯舜制策曰設何謀而可以
欽定全唐文 卷四百四十六 姜公輔 圭
西戎即叙旄何術而可以外户不扃者陛下孚惠心和戎
狄相彼君長解辮户庭應以地僻遐荒未知聖造伏以戎
狄輕而寡信貪而無親視邊戍申嚴則請通國好覩疆場
無備則屢起貪心固難可以禮義和難可以恩澤撫取今
之要莫過於智將悍卒設險邊隅臣伏以陛下且以恤下
爲心不以西戎爲慮今請制其邊兵有常數邊將有常務
分其土而居之給其家而業之因其業也而爲之城池因
其將也而爲之牧守又申嚴其令使獲虜馬者賞以馬使

姜公辅《对直言极谏策》，出自《钦定全唐文》卷四百四十六

① 《新唐书·姜公辅传》。

② 张秀民：《唐宰相安南人姜公辅考》，载《中越关系史论文集》，台北，文史哲出版社，1992 年版第 24 页。

儒、佛、道在交趾地区的初传和越南儒、佛、道三教的源流

中越传统文化的核心同为儒释道，从思想体系上考察，中越文化“实为一体”，故日本学者将越南列入“汉文化圈”。越南同日本、朝鲜等国一样，把儒学称为“儒教”，作为本民族的一种信仰和哲学思想的重要内容，纳入本国思想史的范畴进行研究。越南儒教和道教都源于中国，源于印度的越南佛教也受中国佛教的巨大影响，但越南的儒释道又具有本民族的特色。

儒教是何时从中国输入越南的，学者意见不一。有的学者综合了诸家之说，指出：儒学传入交趾的时间，推算起来，“不会早于汉武帝平定南越，开设九郡（前 111），不迟于锡光任交趾，任延守九真之时（29）前后”，[①] 然而这一论断时间跨度近一个世纪，也没有明确说明这一问题。笔者认为，儒家学说是伴随着中国的政治经济势力向南发展，随着中原与交趾地区文化交往而传入越南的。儒学输入越南的起始时间可上溯至赵佗建南越国时期，即公元前 207 年至前 111 年。

赵佗在今越南北部及中部北区一带设交趾、九真二郡，并遣使者“典主”该地区。[②] 赵佗为中原人，其政权沿袭秦朝政治体制，仿效中原礼教，推行“教化”政策。交趾、九真在南越国政权控

---

① 何玉庭：《儒学在越南的传播和影响》，载《东南亚纵横》1993 年第 2 期，第 23 页。

② 余天炽、覃圣敏等：《古南越国史》，广西人民出版社，1988 年版第 47 ～ 56 页。

制之下，达九十余年之久，中原文化的影响不可低估。越南古代史家黎嵩指出，赵佗“武功慑乎蚕丛，文教振乎象郡；以诗书而化训国俗，以仁义而固结人心”。[①] 越南学者陈重金说：“赵佗建立了南越国，把中国文明传播到南方，因而自此以后，我国之人都濡染了这种文明。”[②] 这说明公元前 2 世纪，中国文化已开始输入越南北方，其中包括儒学，所谓“以诗书而化训国俗”的论断证明了这点。

当然，中原儒学向越南的传播有一个过程。自汉武帝平南越（前 111），并在越南北部及中部建交趾、九真、日南三郡后，越南正式成为中国封建王朝的郡县。此时，儒学在中国处于“独尊”的优越地位，以儒学为中心的汉文化便在越南日益广泛地流传开来。

儒教在越南较为迅速地流传，首先是依靠国家政权的倡导以及地方官吏的推行，其次是南迁的中原士大夫们的弘扬和中原移民与当地居民的密切交往。此外，汉语汉字的输入，更推动了儒教在越南的传播。

佛教传入越南的问题，学界也有不同意见。有的认为佛教是经中国南传入越的。一位越南学者在《佛教南来考》的文章中，引用了《佛祖历代通载》和《大唐求法高僧传》等文献，认为佛教经过中国传入越南。[③]1932 年，越南史学家陈文玾在论述越南佛教的文章中，对此提出了质疑，他引用越南佛教书籍证明佛教很

① ［越］黎嵩：《越鉴通考总论》，引自《大越史记全书》。
② ［越］陈重金：《儒教》，第 722 ～ 723 页。
③ 越南《南风》杂志，1928 年，第 128 页。

有可能是直接从印度经海路首先传入越南的。[①]笔者认为，佛教经过多种途径传入越南：一是南亚、西亚的移民和僧侣从海路进入交州，佛教输入；二是由于中国中原战乱，大批士民流寓交趾（今越南北部），把佛教带入；第三，佛教也可能经由缅甸、云南进入红河谷地。

中越两国佛教史籍记载有康僧会等中亚僧人从中亚和印度移居交州（今越南北部及广州，合称交广之地）传播佛教的事迹。康僧会，祖籍康居，世居天竺，其父因商贾移居交趾，10余岁时双亲皆故，至孝服毕出家。自幼受家传天竺文化影响，又生长于交趾儒学昌隆之地，通学梵文和汉文，为人“笃至好学，明解三藏”。吴赤乌十年（247）初，到达建业（今南京）受孙权优礼接待，编译有《集经》。其事迹说明，三国时期，交趾有人出家为僧，且已有三藏佛经。又据《大南禅苑传灯录》记载：“交州一方道通天竺，佛法初来；江东未被，而嬴又重创兴宝刹二十余所，度僧五百余人，译经一十五卷。”[②]嬴当时为交趾首府，位于红河平原中心，即今越南河北省顺城附近，早就有印度和中国商人在此聚集，又是印度、中亚僧人传教之地。这证明佛教确有经海路由印度传入越南，然后又到达中国江南，交州则是佛教从海路传入中原的中间站。

又据《佛教历代通载》等书记载，“会灵帝崩（189），天下扰乱，

① ［越］陈文玾：《从起源至十三世纪的安南佛教》，载《法国远东学院集刊》（BEFEO）第32期第256页，河内。

② 《禅苑集英》，引自黄春瀚《李常杰——李朝外交和宗教史》下册，河内，珥河出版社，1950年版第194页。

独交州差安。”牟子奉母流寓交趾。牟子无意仕途，“锐志于佛道，兼研老子”，著有《理惑论》。[①] 此文广引老子和儒家经书，论证释道儒观点一致，以显扬佛学，并驳斥儒生对他的非难。关于牟子的记载，学术界虽有疑窦，然结合历史背景分析，我们认为牟子实有其人，关于他的记载是可信的。这是佛教已于东汉年间传入越南的一份重要资料。

从公元初年以后，交州日益成为中国与东南亚、南亚和西方进行经济和文化交流的重要枢纽，是中印僧人相互交往的中途站。印度僧人经中国到达交州，中国僧人从海上往西天取经者也常途经交州。公元255—256年间，中亚月氏僧侣支疆梁（梵名kalyananuci，越南学者陈文玾考证即《十二游经》中所说的姜良娄至）到达交州，译有《法华三昧经》6卷。《历代三宝记》也记载了他在交州译经之事。[②]3世纪末，印度僧人耆域经扶南（今柬埔寨）到交州，后又北上洛阳。与他同时到达交州的还有僧人丘陀罗，他们在交州建有法云、法雨、法雷和法电4所寺院，[③] 庙址均在今北宁顺城县境内。此外，《三国志》中的《士燮传》提供了有关交州佛教僧侣的资料：“燮兄弟并为列郡，雄长一州，偏在万里，威尊无上。出入鸣钟，备具威仪，笳箫鼓吹，车骑满道；胡

① 参阅任继愈主编：《中国佛教史》，中国社会科学出版社，1981年版；周一良：《牟子理惑时代考》，载《魏晋南北朝史论集》，中华书局，1963年版第288～303页。

② ［越］陈文玾：《从起源至十三世纪的安南佛教》，载《法国远东学院集刊》第32期，第213～214页。

③ 参阅圣严：《越南佛教史略》，载《东南亚佛教研究》，大乘文化出版社，第274页。

人夹毂焚烧香者常有数十。”[①] 这里所说的数十名夹毂焚烧香的胡人，很可能是来自南亚和西亚的僧侣。越南史书上称为“胡僧”，或叫“西域僧”。他们随商船泛海而来，有人从陆路由中国南下到达交州。可见，佛教传入越南后，到公元 3 至 4 世纪，交州佛教已日益发展，信徒人数不断增加。到魏晋南北朝时期，交州崇信佛教者日益增多。越史记载，6 世纪时，有名叫李佛子的人参加李贲起义。据考证，其姓名的含意为李姓的佛子，相传其父母曾至佛寺求子生下他后取此名。[②] 其时交州佛教已相当普及，僧团逐渐形成，大乘禅宗也已传入。

隋唐时期，中原佛教兴盛，交州佛教广泛发展。佛寺遍布各地，数量比道观多。《安南志原》记载：“交州八县记云：交趾名寺四，名观一；朱鸢名寺二十九，名观九；宋平县名寺五，名观四；交趾县名寺二十九，名观六；平道县名寺十二，无观；武平县名寺二，名观一；南定县名寺七，无观。”[③]

唐代中原与安南地区的佛教关系密切，僧人之间的交往日渐频繁。据义净所撰的《大唐西域求法高僧传》记载，唐代中原僧人到达交趾者有明远、慧命、昙润、智弘、无行等法师，他们在赴东南亚和印度求法取经途中在交州停留，并将中原佛教传播到此地。其时，交州佛教发展，出现了不少当地的名僧。《求法高僧传》记载有 6 位越南高僧：运期、解脱天（梵名木叉提婆）、

① 《三国志·吴志·士燮传》。

② ［越］陈重金：《古代的佛教与今日的佛教》第三章《越南佛教》，新越出版社，1952 年版第 37 页。

③ 高熊徵：《安南志原》卷三，第 132 页。

窥冲（质咀啰提婆）、慧琰、智行（般若提婆）、大乘灯（莫诃夜那钵地已波）。[1]唐代著名诗人沈佺期流徙安南，撰有多首诗文，其中有九真山净寺谒无碍上人的诗句："大士生天竺，分身化日南，人中出烦恼，山下即伽蓝。"[2]唐代一些交州僧人应邀到长安讲经，在长安居住期间，与中原文化学士交谊甚笃。著名诗人贾岛曾作诗送别惟鉴法师。诗文既讲述了讲经的盛况，又表达了诗人与越南僧人的依依惜别之情。诗云：

讲经春殿里，花绕御床飞，南海几回渡，旧山临老归。

潮摇蛮草落，月湿岛松微，云水路迢递，往来消息稀。[3]

上述越南早期佛教史的资料说明，公元 2 世纪时佛教已输入越南，6 世纪以后佛教已在越南北方广泛发展。在越南传播佛教的代表人物既有来自南亚与中亚的移民与僧人，也有中国佛教徒与僧侣。越南佛教既受从海道传入的印度和南海诸国佛教的影响；也受从陆路南下的中国佛教的影响。然毋庸置疑，越南佛教属于北传佛教系统，其大乘佛教文化主要是沿着中国这条路线逐次南下传入的。

道教是产生于中国的一种渊源久远的宗教，公元 2 世纪东汉末年，为道教在中国创立的时期，道教就通过移居交州的士人和在当地任职的官吏传入越南。[4]《牟子理惑论》序记载，往交州的

① 引自义净：《大唐西域求法高僧传》卷上。
② 沈佺期：《九真山净寺谒无碍上人》，《全唐诗》卷九七。
③ 贾岛：《送安南惟鉴法师》，《全唐诗》卷五七二。
④ 参阅楼宇烈主编：《东方文化大观》，安徽人民出版社，1996 年版第 507 页。

中原学者中有为“神仙辟谷长生之术”者，“牟子常以五经难之，道家术士莫敢对焉”。这可能是有关道教传入越南的最早记载。《理惑论》序又说，牟子避难于交州，“即修经传诸子”，亦“读神仙不死之书”，后“锐志于佛道，兼研《老子》五千文”。[①]可见，当时交州的儒、释、道与老庄各家争鸣，道教与道家思想在越南颇为流行。史载，汉献帝建安六年（201），张津任交州刺史，“津好鬼神事，常著绛帕头巾，鼓琴烧香，读道书云，可以助化”。[②]张津为东汉朝廷派驻交州的高级官吏，其行为无疑有助于道教在当地的传播。

传入越南的中国道教，首先是符篆派道教。符篆派倡导鬼神崇拜，画符念咒，驱鬼降妖，祈福禳灾等等，与当地人的原始信仰与习俗相似，能一拍即合，故能迅速传播。此时，符篆派道教又与当地农民起义相结合，也是促进其迅速传播的原因。东晋末年，孙恩利用“五斗米道”发动农民起义。他死后，卢循接替。据《晋书·卢循传》载，411年，卢循率兵攻交州，至龙编（今河内）。他曾联合当地反叛力量。卢循起义虽被交州刺史杜慧度击败，但这次以道教为旗号的起义在交州发生了影响，促进了道教在交州的传播。

东晋南北朝时期，道教逐渐走向上层社会，受到官方的优待。当时著名道教思想家葛洪“年老欲炼丹延寿，闻交趾出丹砂，求

① 《牟子理惑论》。

② ［越］吴士连：《大越史记全书·外纪》卷三。

为勾漏令”。[1]勾漏乃交趾郡所辖的一个县。据越南学者陶维英考证，勾漏县在今越南宁平省安庆县和南定省丰盈县、义兴县，可能还包括安谟县。安谟境内有一些山洞，葛洪虽未出任勾漏令，“确有可能想来这里找地方炼丹”。[2]由此可知，当时丹鼎派道教在越南也有活动。

隋唐时期，道教受到朝廷的推崇，进入兴盛时期。此时唐代诸州设置道观，安南也在其列。据《安南志原》引《交州八县记》所载，当时的交州有名观21所。道教已在越南打下基础并为越南人普遍接受，成为当地的主要宗教之一。唐代有许多道士来到越南，在安南任职的官吏也有信奉道教的。唐懿宗咸通七年（866）任静海军节度使的高骈在任职期间，曾修建大罗城（今河内），开凿交州至广州的海道，政绩显著，他本人是道教徒，推动了道教向安南的传播和发展。[3]

① ［越］黎崱：《安南志略》卷九。

② ［越］陶维英：《越南历代疆域》，商务印书馆，1973年版第61页。

③ 参见许永璋：《论道教在越南的传播和影响》，载《中国与亚非国家关系史考论》，香港社会科学出版社股份公司，2004年版第111页。

第二章

越南立国后中越两国经贸与文化关系的广泛发展

中越的宗藩关系的建立与经贸往来

唐朝末年，封建中央政权衰弱，地方封建势力崛起，10世纪初中国出现“五代十国”的割据局面，地方封建势力发展起来。939年，越南地方将领吴权在白藤江战役中击败南汉军队后，自立为王，建立了吴朝，越南开始走上独立自主的道路。但吴权在位仅5年，944年他去世后国家分裂，贵族地主纷纷割据，连年混战，形成了越南历史上的“十二使君之乱”。此时州（今义安、河静）刺史丁公著的儿子丁部领聚集四方豪杰，先后击败“各地的使君”，于968年建立丁朝，史称“丁先皇”，国号“大瞿越国”。丁先皇定都地势险要的山区华闾（属今宁平省），整顿中央和地方政权，越南封建自主国家正式确立，并开始稳定下来。中越关系发生根本性的重大变化，越南脱离中国封建王朝的直接统治，成为中国南方的一个重要邻邦。

从丁朝开始，历经前黎朝、李朝、陈朝、胡朝、属明、西山朝、后黎朝，直至阮朝，九百多年，是越南封建自主国家建立、发展、兴盛和走向衰落的历史时期，也是中越两国国家关系建立与发展的时期。这一时期，越南在政治上仿效中国的政治制度，建立中央集权的封建国家，保持着政治上的独立自主，同时与中国封建朝廷一直维持“宗藩”关系。建立在“宗藩”关系基础上的中越关系的基本特征是，越南封建朝廷受中国朝廷册封，并定期纳贡，同时两国之间在政治、经济和文化教育等方面继续保持密切的关系，双方的联系甚至比过去更为紧密。在此期间，中越之间曾发生过边境冲突和战争，但和平友好的经济贸易和宗教文化交流仍是两国关系发展的主流。郡县时期汉文化的传播为越南进入儒家文化圈奠定了基础，在文化传承上，独立自主的越南归属于东亚文化系统，与属于印度文化圈的其他东南亚国家有区别。

10 世纪丁部领建丁朝后，于 970 年“遣使如宋结好”。972 年又遣王子丁琏为贡使，入宋朝贡。宋朝封丁部领为“交趾郡王”，承认了大瞿越国。此后中国王朝与越南的丁、前黎、李、陈诸王朝在政治上保持密切的邦交关系。双方使节往来不断，宋朝向越南各王朝遣使册封，越南各王朝也频繁遣使纳贡。据统计，终宋之世，越南的丁、前黎、李至陈诸王朝向宋朝遣使纳贡总数达 57 次之多。[①]

从宋代始，中越两国经贸往来有两种方式：一种是朝贡贸易，这是利用朝贡形式进行的官方贸易；另一种是边境地区由地方富

① 参见［日］山本达郎主编：《越南中国关系史》所附越中交涉年表，山川出版社，1975 年日文版。

商大贾进行的“博易场”贸易，即民间贸易。朝贡贸易既是外交往来，又是两国经贸关系的重要联系纽带，而边境民间贸易则是官方贸易的有力补充。宋代中越交通大为发展，越南使臣在正常情况下通过“入贡道”进贡。北宋首都在汴京（开封），越南贡使取荆湖路，由桂林、永州（零陵）、衡阳、长沙、岳州、武昌、信阳、许州（隶昌府），抵达汴京。南宋首都在临安（杭州），贡使取道江南路至临安行在。①

官方贸易的贡品多为宫廷和上层阶级所喜好的奇珍异宝，而回赐品是绫罗绸缎，供帝王公侯享受。民间贸易则常以蜀锦与交趾香交换，动辄数千缗。用鱼、蚌换取米、布、纸、笔的小商贩，在当时更是活跃。②越南输出的商品除农林土特产品外，还将占城国出产的沉香转输中国。广州是当时中国海外贸易的中心，设有市舶司，管理双方贸易。广西钦州为中越两国陆上边境贸易的重要口岸，宋朝在钦州城外开设博易场。邕州（今南宁）右江永平寨与交趾仅一水之隔，也是民间贸易场所。越南东北的云屯岛（属今越南广宁省锦普）为中国与越南以及与爪哇、三佛齐和暹罗等东南亚国家海上贸易港口，那里常有中国、暹罗和三佛齐的商船出入。③元代初年，发生三次侵越战争，关系恶化。战后双方关系恢复，互相遣使通好。元代越南北方的云屯和中部的清化为中越之间的重要贸易口岸。元朝商人运去“诸色绫罗匹帛、青布、牙梳、

① 陈玉龙等：《汉文化论纲》，北京大学出版社，1993年版第366页。

② 周去非：《岭外代答》卷五。

③ 参阅［越］张友炯主编：《越南历史大纲》，河内，教育出版社，1998年版第148～149页。

纸扎、青铜、铁”等货物，陈朝商人向元输出沙金、白银、铜、锡、铅、象牙、翠毛、肉桂、槟榔。

位于越南清化的黎利像

明代初年，越南陈朝走向衰落，1400 年外戚权臣胡季犛篡夺政权，建立胡朝。胡朝与明朝交恶，1407 年明永乐帝为扶助陈朝后裔出师越南，推翻胡朝，并在越南设立交趾布政司等“三司”，建立府州县，进行直接统治，越南出现 20 年短暂的“属明时期”（1407—1427）。1428 年明军撤退，越南重获独立。黎利建立黎氏王朝，越史上又称后黎朝（1428—1784）。

15 世纪，黎朝初年是越南封建制度高度发展时期，尤其是黎圣宗在位时期（1460—1497）达到鼎盛。后黎朝与明朝恢复和发展了邦交，政治、经济与文化交流日益发展。有明一代，从洪武元年（1368）至崇祯十年（1637），越南遣使入贡达 79 次。使节往返之频繁和关系之密切为前所未有，形成中越关系史上的一个高潮。[①]

后黎朝仿效中国，“置百官，设学校，以经义、诗赋二科取士，彬明有申华风焉”。[②] 黎圣宗时编纂了越南史上第一部完整的成文法典——《洪

① 参阅陈玉龙等：《汉文化论纲》，北京大学出版社，1993 年版第 367 页。
② 《明史·安南传》。

德法典》，又称《洪德律例》，它是洪德十四年（1483）遣朝臣搜集《李朝刑书》等历代所有条例，参照中国隋唐律例，特别是《唐律疏议》加以补充和条理化制定的。潘辉注评论说："洪德刑律，参用隋唐，断治有画一之条，轻重有上下之准，历代遵行，用为成式。"①

清朝取代明朝时，越南处于南北分裂状态，名义上虽仍以黎氏为皇帝，但北部实权握于郑氏手中，而南部则由阮氏控制。在郑氏控制下的黎氏朝廷作为越南国象征，接受清廷的册封，与清朝维持了宗藩关系。清初，在广西边境相邻的越南高平有一个地方割据政权——莫氏封建集团也向清朝遣使朝贡请封。从顺治十七年至乾隆五十年（1660—1785）期间，约125年，清朝与越南黎朝一直保持睦邻关系。雍正初年，云南开化府与越南的一段边界还曾委勘定界。

18世纪越南南北内战连绵，农民起义运动高涨。1771年终于爆发西山农民大起义。1788年（乾隆五十三年），越南西山起义军领袖阮惠推翻了黎氏朝廷，黎朝国王黎维祁逃亡中国，请求清廷助其复国。为扶助黎维祁复位，清朝派两广总督孙士毅率兵干涉，卷入越南内部纷争，但招致失败。此后，清廷与西山朝建立邦交，乾隆帝册封阮惠为安南国王。1802年（清嘉庆七年），阮福映为首的南方阮氏集团击败西山军，夺得政权，建立阮朝。同年12月，阮福映派遣户部尚书郑怀德携带国书与贡物，赴清朝请求封号，且请改国名为"南越"。清廷甚为重视，但因南越地域

① ［越］潘辉注：《历朝宪章类志》。

位于平定省归仁市的阮惠铜像

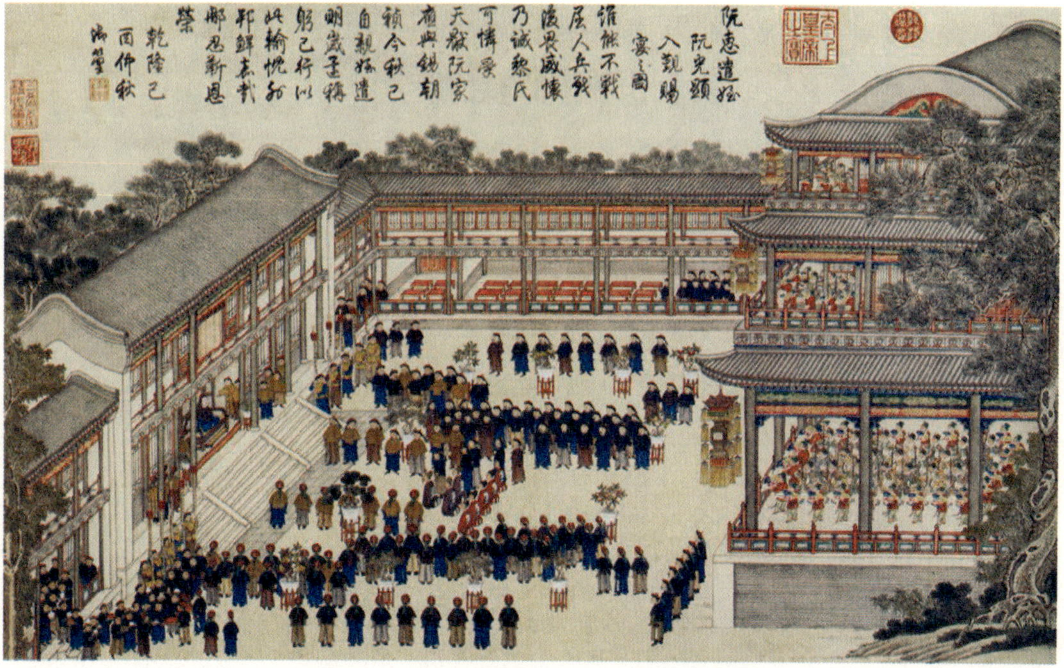

清朝画师所作的阮惠遣阮光显向清朝请和之图，1789 年

包括两广，不同意用“南越”。阮福映便把“南越”改为“越南”，越南国名自此起始，并沿用至今。

清代中越贸易亦分海陆两途。陆路从广西龙州水口关出境，到越南高平镇的牧马庯；从宁明州经由村隘至越南谅山镇的駈驴庯。另外从云南开化府（今文山县）也可入越贸易。清代初年中越双方贸易甚是繁荣。1793 年（乾隆五十八年），越南开放谅山的花山为市。海路则从广东、福建的海港出发，乘船至越南中部的义安、会安和南部的嘉定等港口。海上贸易为大宗，中国出口货物主要是布匹、绸缎、纸张、瓦器、铁锅、颜料、烟、茶、药材等，从越南进口的有大米、槟榔、胡椒、冰糖、砂仁、竹木、香料和海产品等。从 16 世纪起，广南的会安成为越南中部著名的国际商港，到达那里贸易的中国商船不仅有厦门、广州的中国商船，而且有来自长崎、阿瑜陀耶、金边、马尼拉和巴达维亚等地的华人船只。[①]1829 年（清道光九年），停泊在会安的中国商船达几十艘。19 世纪两国民间贸易之繁盛，由此可见一斑。[②]

从越南立国后，宋元明清诸朝先后有许多中国人南下移居越南。他们有的是在王朝更替时被迫逃亡的，有的是出外经商和谋生的。宋末元初，许多宋朝遗臣不愿臣服元朝，曾率众南奔。1274 年，一批宋人乘海船 30 艘，运载财物，携带妻小，浮海到达越南，被陈朝安置在京城的“街媾坊”。[③]中国移民是中国文

---

① 参阅李金明、廖大珂：《中国古代海外贸易史》，广西人民出版社，1995 年版第 401 页。

② 潘叔直辑：《国史遗编》中集，香港中文大学新亚研究所东南亚研究室刊本。

③ ［越］吴士连：《大越史记全书 · 本纪》卷五。

化在东南亚传播的使者与交流的桥梁，对东南亚国家文化事业的发展有宝贵的贡献。以音乐、戏剧为例，早在公元3世纪，中国乐器就随移民南传入越。士燮任交州刺史时："出入鸣钟磬，备具尊严，笳箫鼓吹，车骑满道。"[①]到15世纪，越南黎朝太宗御用音乐，亦系参照中国乐器的特点创制出来的。元朝以后，中国艺人到越南表演和传播技艺的也不少，1285年，元军的一位歌手李元吉被俘后，长期居留越南，将中国的传戏传入越南。越史记载："李元吉作古传戏，有西方王母献蟠桃等传……感人令悲则悲，令欢则欢。我国有传戏自此始。"[②]1350年，元朝杂技名家丁庞德挈带家小南投越南陈朝，向越人传授缘竿技艺，越南有"险竿自此始"。[③]

明代中越两国人员交往增多。在明军征讨越南时期，一些中国军民留居当地没有"北还"。同时有不少越南人来到中国，并对中国的政治、经济与文化的发展做出了卓越的贡献。

永乐年间驻交趾总兵官张辅总先后三次遣送交趾的人才一万六千余人到南京。1413年（永乐十一年），交趾工匠一百三十多人携眷属至南京。明代交趾人或入仕为官，或在军事武功，以及宫殿城池建筑上都做出了宝贵贡献。明代交趾人入仕宦京官有大至侍郎、尚书，外官有至参政、布政史、巡抚者，还有掌管宝钞司、官市舶司使、盐运使者，地方官吏有任知府、同知、

① 《三国志·吴志·士燮传》。
② ［越］吴士连：《大越史记全书·本纪》卷七。
③ 同上。

知县、县丞者。[①] 胡季犛之子胡澄（又名黎澄）献神枪法，“专督造兵仗局铳箭火药”，立有大功，官至工部尚书。明代“军中凡祭兵器，并祭澄”，不啻奉澄为“火器之神”。[②] 值得特别提出的是，交趾人阮安在北京城建筑上做出了巨大贡献。阮安，一名阿留，约于永乐五年入宫为太监，善于谋划，尤长于工程建筑，在营建北京的宫殿和皇城时负责总设计。他设计的紫禁城南北长 960 米，东西宽 760 米，其中有前三殿（皇极殿、中极殿、建极殿）和后三殿（乾清宫、交泰殿、坤宁宫），经过修建的北京城，建筑布局匀称，庄严雄伟。阮安对北京城的九门城楼、五府、六部、诸司公宇的建筑，以及治理杨村驿诸河均有功绩。他为人清苦介洁，1450—1456 年赴山东治理张秋河时于途中病卒，临终布衾衣箧，籍平生赐予及私帑，悉上之官。张秀民先生在著述中以“总工程师”的光荣头衔称呼他。[③] 这些史实说明中越两国文化相互交流的互动性。

会安城是越南中部华侨聚居地之一，17 世纪中叶约有华侨商贾 5000 人。明末著名学者朱舜水曾于 1645 年和 1651 年两度侨居越南，在会安居住 12 年，后撰有《安南供役纪事》，收录在越南的诗文。[④] 据一位西方人的报道，18 世纪时，“会安有 6000 华侨

① 张秀民：《明代交趾人移入内地考》，载《中越关系史论文集》，台北，文史哲出版社，1992 年版第 79 页。
② 张秀民：《明代交趾人在中国内地之贡献》，载《中越关系史论文集》第 57 页。
③ 同上，第 47 ～ 52 页。
④ 张文和：《越南华侨史话》，台北，黎明文化事业股份有限公司，1975 年版第 25 ～ 26 页。

越南会安老城区

越南会安城内的福建会馆

居住。大多数为富商，一面做买卖，一面为西方商人做中介，在各种船舶之间任职”。[①] 城内建有多所富丽堂皇的华侨华人会馆，如广肇会馆、福建会馆、琼府会馆等，还建有关公庙。

中国与占城的经贸关系，占城在郑和下西洋中的作用

越南立国时，其疆域限于今北部红河中下游及中部北面地区。南面与占城相邻。占城（champa），即占婆补罗，补罗梵语意为城，简译为占婆。位于中南半岛东南沿海地带，今越南中部及南部部分地区。故地原为中国汉代所置日南郡象林县。公元 192 年（一说 137 年），象林县功曹之子区连（亦作达或逵，又称释利摩罗），杀县令，自称王，在此建国。[②] 该国居民多为占人，语言属马来—波利尼西亚语系，以航海捕鱼和海上中转贸易为业，信仰印度教、佛教，采用种姓制，实行君主专制，为受印度文化影响的王国。立国初年，与中国封建王朝建立有朝贡贸易关系，并多次与隶属中国的交州郡县发生边境战争。3 世纪末以后，国势日盛，疆域扩大，北起今越南义静省的横山隘，南至富庆省之大岭，东濒南海，西界老挝、柬埔寨。王都因陀罗补罗（今越南茶荞）。中国历代王朝与占城王国之间使臣往来不断，经济文化交流比较密切。10 世纪中叶越南封建国家建立后，向南扩张，占城国势衰落。15 世纪

① ［越］张友炯主编：《越南历史大纲》第 1 集，第 374 页。
② 关于占城（林邑）建国，参见《水经注·温水》。

古占城国遗迹

古占城国遗迹

后越南后黎朝大举南侵，占城退缩至今潘朗、潘切一带。至1693年，被越南阮朝吞并。

由于占城的历史与所处的地位，在阐述古代中越关系时，必然涉及中占之间的关系。

据中外历史学家的考证，占城之新州港（今越南的归仁），是位于南中海上的交通要道上的重要口岸，且是通向占城新迁的王都佛逝（Vijaya）的最近港口。[①] 它是中国海上交通的重要中继港口，中国泛海南航之商船皆云聚于此，“以积薪水”，被称为“南方第一码头”。[②] 中国商人常至占城贸易，有的还与当地妇女通婚。[③]

明代郑和七下西洋时，占城为首泊站。郑和船队每次都必在占城港口停留，并开展贸易，这对于增进中国与占城之间的经济文化交流和古代越南中南部的经济开发与文化的发展有重大的推动作用。明朝初年，占城国王阇耶僧伽跋摩五世（Jaya Sinhavarman V，1400—1441，明史称“占巴的赖”）实行对明朝友好亲善的政策。在此期间，双方使者往来频繁，朝贡贸易空前发展。据《明实录》等史籍记载，明代占城入贡次数，以洪武、永乐年间最多。据统计，明太祖时期占城进贡19次，明成祖永乐年间占城进贡达18次。而明朝亦曾14次遣使访问占城，其中包括郑和七次下西洋时赴占城的访问，双方邦交关系达到空前紧密的高峰。1402—1424年，

① 占城国的首府称因陀罗补罗（Indrapura），据越南学者陶维英（Dao Duy Anh）的考证，原在广南地区的茶荞（Tra Kieu）。法国学者马司帛洛所著《占婆史》指出，从公元1000年后，位于平定省的佛逝成为占婆之新都。佛逝又称佛誓、阇盘。参见马司帛洛：《占婆史》，中华书局，1956年版第11页。

② ［越］黎崱：《安南志略·杂记》。

③ 汪大渊：《岛夷志略》占城条。

在东南亚诸国中，占城是中国使团访问次数最多和向明朝遣使次数较多的国家。请参见下表：

表2

	占城	真腊	暹罗	爪哇	浡泥	满剌加	苏门答腊
中国出访的使团	14	3	11	9	3	11	11
前来中国的使团	18	7	21	17	9	12	11

资料来源：王赓武著、姚楠编：《明初与东南亚的关系——背景论述》，载《东南亚与华人论文选集》，中国友谊出版公司，1986年，第34页。

按照“厚往薄来”方针，明朝对朝贡国的国王和使者的赏赐往往比贡品要丰盛许多倍。双方的贸易有助于互通有无。占城的“贡品”主要有象牙、犀角、伽蓝香、番布、乌木、降真香等方物特产。明朝的“赏赐”有金织文绮、纱罗衣、瓷器、彩绢、黄金、白银、钞币、《大统历》等。占城国物产丰富，当地多种特产为中国所需，双方贸易具有互补性。马欢说，占城“气候暖热，无霜雪，常如四五月之时，草木常青，山产伽蓝香、观音竹、降真香。乌木甚润黑，绝胜他国出者。伽蓝香惟此国一大山出产，天下再无出处，其价甚是贵，以银对换。观音竹如细藤棍样，长一丈七八尺，如铁之黑，一寸有二三节，他所不出。犀牛象牙甚广”。[①] 除朝贡贸易外，民间商业贸易也在进行。《瀛涯胜览》描述了交换的情况：“其买卖交易，使用七成淡金或银。中国青瓷盘碗等品，纻丝、

① 马欢：《瀛涯胜览》，载《纪录汇编》卷六二，商务印书馆，民国二十六年六月初版第9页。

绫绢、烧珠等物，甚爱之，将淡金换易。”[①]《西洋番国志》亦说：“其买卖交易，惟以七成色淡金使用。所喜者中国青瓷盘碗等器，及纻丝、绫绢、硝子珠等物，皆执金来转易而去。”[②]中国的瓷器（特别是青瓷）和丝绸织品的输出，不仅有助于促进占城的手工业的发展，也开拓了中国的海外市场。

郑和的航行和双方的经贸交往对中国与占城的文化交流也起了重大作用。据《瀛涯胜览》记载：占城“书写无纸笔，用羊皮捶薄，或树皮薰黑，折成经折，以白粉载字为记”。[③]《星槎胜览》也记载：“其国无纸笔之具，但羊皮捶薄薰黑，削细竹为笔，蘸白灰书字，若蚯蚓委曲之状。”[④]郑和船队到占城时，带去了纸笔和墨，传授了造纸、制笔及做墨的技术，促进了占城文化教育的发展。由于与中国交往增多，中国文化日渐移植。郑和的多次访问和双方使节的频繁交往，使汉字和中国文化进一步传入占城。[⑤]此外，明太祖时曾赠占城《大统历》，永乐七年（1417）郑和第五次下西洋时，明成祖又令郑和向占城国王赠《大统历》。明代《大统历》是在元代郭守敬创制的中国古代最精确的历法——《授时历》的基础上，加以修订整理而成的，它以365.2425日为一年，29.530593日为一月，一年分二十四节气，以没有“中气”的月份

① 马欢：《瀛涯胜览》，载《纪录汇编》卷六二，商务印书馆，民国二十六年六月初版第13页。
② 巩珍：《西洋番国志》，第4页。
③ 马欢：《瀛涯胜览》，第11页。
④ 费信：《星槎胜览》，中华书局，1954年版第3页。
⑤ 参见黄国安：《郑和下西洋与中国占城经济文化交流》，载《印度支那问题论丛》，广西社会科学院印支研究所，1986年，第33页。

置闰月。[①]《大统历》是当时比较精确的历法，它的传入和采用，对占城的农业生产亦有明显的助益。

越南建国后儒家思想和佛教、道教的传播与影响

进入封建自主时期，越南在文化上与中国的联系日益密切。儒家思想虽早在越南隶属中国的郡县时期已经传入，但它在越南的广泛传播与发展却是越南成为自主的封建国家之后，其兴盛发达则要到后黎初年，即 15 世纪初叶。而佛教和道教也是在越南自主的封建王朝建立后，特别是 11 至 14 世纪的李朝陈朝时期，才空前兴盛地发展起来。

10 世纪后，中国与越南两国的文化与宗教联系更为紧密。越南封建国家建立的初期，即吴（939—965）、丁（968—980）和前黎（980—1009）三朝时期，封建国家执行“崇佛抑儒政策”，为巩固刚刚形成的民族政权，越南朝廷重武轻文，国王重用僧人，赋予特权，僧人参与朝政，制定律令文书。在以万行和尚为首的僧侣集团的支持下，拥有兵权的殿前指挥使李公蕴篡夺了前黎朝政权，建立李朝（1010—1224）后，尊万行和尚为国师，李朝各代国王大力推崇佛教，传播禅宗佛学，各地广造寺宇，度民为僧，出现“百姓大半为僧，国内到处皆寺”[②]的局面。著名的延佑寺（今

① 白寿彝总主编：《中国通史》第 9 卷下，上海人民出版社，1999 年版第 2135 ～ 2136 页；黄国安：《郑和下西洋与中国占城经济文化交流》，载《印度支那问题论丛》，广西社会科学院印支研究所，1986 年，第 35 页。
② ［越］吴士连：《大越史记全书·本纪》卷二。

位于越南河内的李公蕴塑像

河内一柱寺

河内一柱寺）就是1049年由李朝修建的。

陈朝（1226—1400）建立后，继续推崇佛教，兴修寺塔。每3年1次度民为僧。陈太宗下诏在每个驿亭塑置佛像。陈朝前期各代国王笃信禅学，陈太宗、陈仁宗先后禅位出家，创立竹林禅宗派，源于中国的禅宗佛教在陈朝获得空前发展。越南古代史学家黎贵惇指出，陈氏“帝王修行，王侯的公主为比丘尼，卿相为僧，上至君王下至百姓笃信佛道”。[①]李陈时期，寺院形成一股社会势力，拥有寺田、食邑和田奴；僧侣有免除赋税、徭役的特权，高级僧侣出入宫廷、官府，位比王侯卿相。寺院建筑富丽堂皇，不亚于王家宫殿。僧团制度正式形成，组织严密。上有国师、僧统、僧录，各府有教门公事。这一时期是越南佛教鼎盛时期。

10世纪越南建国后，道教继续发展。971年，丁朝定“僧道阶品”，道士邓玄光被授“崇真威仪”。[②]道教与佛教一样受

① 引自谢玉联：《关下禅宗和陈代安子竹林派的几点认识》，载越南《历史研究》1977年第3期第57页。

② ［越］吴士连：《大越史记全书·本纪》卷一。

到朝廷尊重。李朝、陈朝时期优礼僧侣、道士，兴建寺院、道观。李太祖登基后即“赐僧道衣服”，[①] 顺天元年（1010），李太祖于升龙城（今河内）造兴天御寺，太清宫。顺天七年（1016），“度京师人千余为僧道”。[②] 李太宗天成元年（1028）设置僧道阶品，当时的道官有“道录、威仪、都官”。[③] 陈朝统治者亦重用道士。陈太宗于1244年赐道士冯佐汤为“起左街道录，爵散郎”。[④] 左街为道官之极品，非通晓道教者不能担任。李、陈时期，在开科取士时，也注意到道家子弟。朝廷采取崇道政策，提高了道教的社会地位。这一时期，道教既为上层人士所接受，又有下层群众信仰。

从李朝起，越南王朝开始建立了以升龙（今河内）为京城的中央集权制政权，他们需要宣扬“大一统”的儒学以及精通儒学的文臣来维护其已稳定下来的统治，故而开始重视儒教，推行“儒、释、道并尊”的政策。继李朝之后的陈朝（1226—1400）在推崇佛教的同时，也执行“儒、释、道并尊”政策，儒教地位日益提高。

李陈时期可以称为越南儒教的发展期，其主要表现为：（1）于京城升龙修文庙（1070），建国子监，实行科举制（1075），并选有文学者入翰林院，授翰林学士；[⑤]（2）在京城举行庆贺“诗

① 《钦定越史通鉴纲目》正编，卷二。
② 《大越史略》卷二。
③ ［越］吴士连：《大越史记全书·本纪》卷二。
④ ［越］吴士连：《大越史记全书·本纪》卷五。
⑤ ［越］吴士连：《大越史记全书·本纪》卷三。

书礼易春秋”五经的仪式（1126），创立国子院，讲习四书五经（1253）；[①]（3）当地儒生阶层迅速成长，其代表人物成为朝廷重臣，在朝廷任要职，取代了僧侣的地位，日益起着举足轻重的作用。陈代著名的儒士朱文安（1292—1370）毕生从事儒学教育，著有《四书说约》，卒后被颂为一代“儒宗”，赐谥文贞公，祀于文庙。河内文庙建有飞檐高耸的大门，由魁文楼、天光井和大成殿等组成，供有82个刻有后黎朝进士名录的石碑，为古代越南文化的代表性建筑。

河内文庙内的朱文安像

① ［越］吴士连：《大越史记全书·本纪》卷八。

李陈时期在越南思想史上被称为“三教并尊”时代，其科举制的特点是举行儒、释、道弟子的科试，从三教中选拔人才。但随着儒士阶层人数的增多，并发展为一支重要的力量，儒佛之间的论争日益激烈。崛起的儒士阶层不断发起对释道的抨击。朝廷听取文臣的意见，采取了沙汰僧、道，限制佛、道势力发展的措施。

胡季犛夺取陈朝政权建立胡朝（1400—1407）后，实行限佛尊儒政策。他征召僧人当兵，征讨占婆；举行考试，凡不合格的僧人，勒令还俗；他设立学官给学田，扩大儒学教育；他亲自撰《明道》十四篇，译《书经》中《无逸》篇，用国音讲解《诗经》，并撰写《诗义》，普及儒家文化。胡季犛在尊儒的同时，企图修正儒教的某些信条。他在《明道》十四篇中，“以周公为先圣，孔子为先师。文庙以周公正坐南面，孔子偏坐西面”；他“以韩愈为盗儒，谓周茂叔、程颢、程颐、杨时、罗仲素、李延平、朱子之徒，学博而才疏，不切事情，而务为剽窃”。[①] 胡季犛抬高周公，贬低孔子，诋毁韩愈，批评宋儒，反映了他试图有选择地接受儒学的倾向。但在实践中，胡季犛是越南中世纪时期力图按照儒家思想进行改革，治理朝政的君主。

从后黎朝（1428—1527）开始，越南进入独尊儒教时期。后黎初年的一个世纪是越南封建中央集权制兴盛的时期，与此相适应，越南儒教也发展到一个鼎盛的时期，尤其是黎圣宗在位期间（1460—1487）。黎初儒教的兴盛表现为全面实行儒教为中心的政治、立法与文化教育政策。黎圣宗不仅参照隋唐律例，颁布《洪

① ［越］吴士连：《大越史记全书·本纪》卷四。

德法典》，还制定《二十四训条》，倡导忠孝节义，规定父子、夫妻、婆媳、男女、师徒、乡党、军民等各方面的关系，用儒家伦理确定家庭、乡里乃至整个社会的等级尊卑关系，诏谕全国官军民等一律奉行，违者重治。[①]同时，定三年大比之例，将科举考试制度化，并定乡试之法，改革会试，国王亲自主持廷试。黎初科举制大发展，应试学子猛增。黎圣宗在位38年，开科12次，取士511人，两项均超过李朝陈朝开科取士数目的总和。潘辉注评曰："历朝科举之盛，迨于洪德（黎圣宗年号）至矣。"[②]为提高儒生威望，从黎圣宗开始，在国子监立进士碑。

黎初儒教的兴旺还促进了史学、文学的空前繁荣。黎圣宗命史官吴士连撰修的《大越史记全书》15卷，全书贯彻儒家思想。黎圣宗亲自创立"骚坛会"自任元帅，邀集28位廷臣（称骚坛28宿）常以诗文酬答，唱和往还，并撰《琼苑九歌》诗集，其诗文代表为黎初盛世歌功颂德的一个文学流派。[③]迄今留下的150位黎初作家创作的著述，其中除几位是当时的国王外，全都是儒生，说明儒士已成为一个力量雄厚的阶层，成为封建国家的重要社会支柱。

在越南儒学传播和发展的过程中，古代汉文是其主要载体。早在公元2世纪已输入的古汉语汉字在越南社会文化生活中起了十分重要的作用。越南人将汉字称为"儒字"（Chu Nho），独立后继续借用汉字为官方正式文字。唐代汉语词大量输入越南，形

① 《钦定越史通鉴纲目》正编卷二四。
② ［越］潘辉注：《历朝宪章类志》卷二八。
③ ［越］吴士连：《大越史记全书·本纪》卷四。

成“汉越词”，学者研究，越语中有一半以上的词汇来自汉语，被称为“汉越词”。[1] 古代越南的朝廷奏折、政府文书和科举试卷都采用汉文汉字，文史、地理和医学等著作均用汉文书写。汉字文学是越南民族文学的重要组成部分。越南人曾经创制过一种民族文字，称为“喃字”，又译称“字喃”（Chu Nom）。喃字意即南国的字，何时出现已难以考定。学术界认为10世纪之前已经产生，到13世纪才系统化，并逐步推广。喃字与汉字有密切关系，它是采用汉字的结构、形声、会意及假借等方法创制的越语化象声文字。陈朝时喃字开始用于撰写诗文。首创喃字“国音诗”的是阮诠（1225—1257），他用喃字仿韩愈所作的《祭鳄鱼文》，开始创作喃字诗文，受到陈仁宗嘉奖，赐姓韩，故又名韩诠。[2] 此后越南产生了一系列的喃字诗文，如后阮廌（1380—1442）所著《国音诗集》，特别是越南的古典文学名著——阮攸（1765—1820）的六八体长诗《金云翘传》和南方诗人阮廷炤（1822—1888）的长篇叙事喃诗《蓼云仙传》，均是家传户诵、脍炙人口的传世之作。

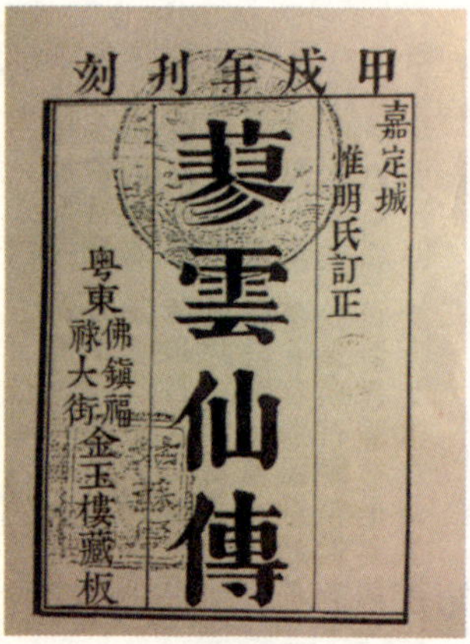

《蓼云仙传》

① 陈修和：《中越两国人民的友好关系与文化交流》，中国青年出版社，1957年版第67页。
② 参阅阮朝国史馆：《钦定越史通鉴纲目》，陈纪。

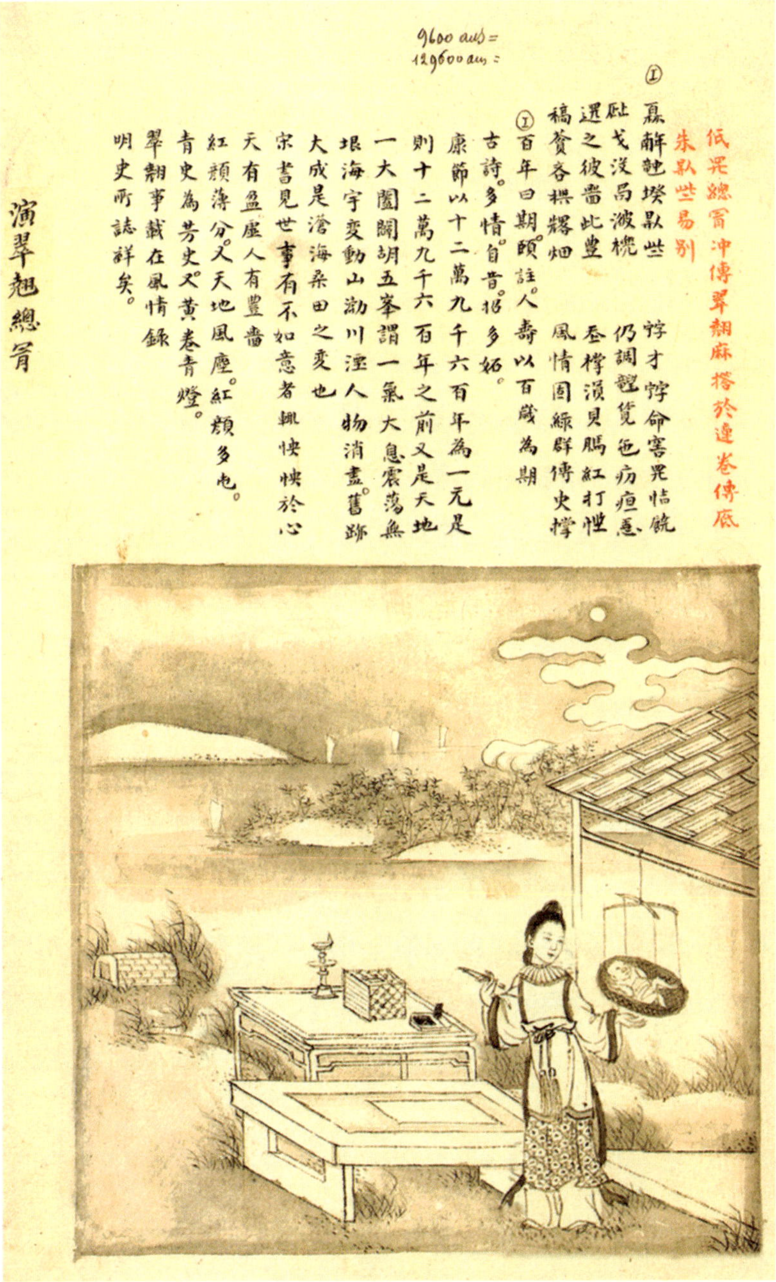

越南版《金云翘传》1894 年抄本的第一页，现藏大英图书馆

喃字备受胡朝和西山朝的推崇，但它无法取代汉字在越南文坛上的主导地位。[①]

16世纪后，越南儒教极盛时代已经过去，但并未立即衰落下来。黎末、西山朝及阮朝时期，儒教仍受到推崇。陶维英在《越南文化史纲》一书中指出："黎代和阮代儒学占据独尊地位。""对于儒学，黎朝和阮朝诸王均极为尊重。"[②]18世纪末叶，在农民起义胜利基础上建立的西山王朝（1786—1802）也推崇儒学。光中帝阮惠曾延聘罗山夫子阮涉为崇正书院院长，"专掌教事"，即学政，"遵朱子学规"培养人才。[③]

1802年建国的阮朝，面对西方殖民主义侵略的威胁和天主教传播的挑战，为巩固封建秩序和国家统一的局面，仿效清朝，大力推崇国学，儒教地位再度提高。阮朝不仅在京城顺化修建文庙，而且在各大城镇遍设文庙，春秋祭祀异常隆重；学校教学、政府文书、科举考试一体采用汉字，不准使用或混同喃字。随着疆域的扩张，阮朝儒家思想文化推广至湄南河三角洲，普及于今越南全境。19世纪初叶，儒学再度昌盛，涌现了一批汉字书写的文学、史学名著。由阮朝国史馆汇集的史家编纂的《钦定越史通鉴纲目》（49卷）、《大南实录》《大南列传》及《嘉定通志》（郑怀德撰）

① 由于喃字书写比汉字更为复杂，表音困难，难以推广，逐步衰微。参阅林明华：《越南语言文化散步》，九龙开益出版社，2002年版第76～77页。
② ［越］陶维英：《越南文化史纲》，胡志明市，胡志明出版社，1992年版第271～272页。
③ ［越］黄春翰：《罗山夫子》，明新出版社，1945年版第289页。

等等均"本儒家精神为主论之旨"，[①] 为研究越南历史文化的必读史籍。

古代越南的思想体系是以儒释道思想为核心，并与本地民间信仰相结合，渗透着强烈的民族意识。越南的儒释道文化既与中国有许多相似之处，又具有民族的特色。从中国输入的越南儒教，作为一种学说，有其完整的体系与内涵，古代越南确实没有创造一种独立于中国儒学之外的学派，而是将中国儒学应用于本国。当代越南学者武挑指出，"从朱文安到张汉超、阮德达，越南诸位儒学家，培养了众多的学子，撰写了许多注解四书五经的著作，但他们只是在理解和依靠、应用汉儒、宋儒的范围，很少批判或违背。像胡季犛那样对孔子提出质疑和提高周公的情况甚为罕见。"他还指出，越南历史上的一些爱国儒生或反抗封建王朝的儒生也没有超越儒教，而只是按照自己的观点或与自己的目标相符合来解释儒教；近代改革家抨击国家的停滞，也没有越出儒教的框框反对儒教。[②] 不过，我们不能认定越南儒教只是照搬中国儒学，只有借用而无发挥与创造。

在探讨越南儒家和佛、道思想的形成与发展问题时，我们也应注意到，越南儒教在效法中国的同时，也有其民族化的某些特征：

（1）综观越南整个中世纪时期，朝廷基本上执行"三教并尊"政策，越南朝廷也曾采取过限制僧道的措施，但三教之间没有发

① 罗怀：《儒学在越南》，载《中越文化论集》，台北，中华文化事业委员会，第 150 页。

② ［越］武挑主编：《古今儒教》，河内，越南社会科学出版社，1990 年版第 311 页。

生过剧烈的对抗及冲突，三者的关系以融合为主流，发展趋势是相互渗透、补充和走向合一。越南封建统治者，在世俗学问上，为“治国安民”推尊儒教；在出世学问上，则崇奉释、道。越南民间的信仰常常佛、道、儒三教不分，并广泛信仰本地的祖先崇拜与自然崇拜，这是越南传统文化思想的一个特征。在越南寺院中，常常是一个屋檐下既有佛教神案，又有道教供案，有些地方，在殿中间摆放佛像，老子、孔子像则分立两旁。[①]这种“三教合一”的状况延续到近现代，20 世纪 20 年代后在越南南部广泛流传的高台教就糅合了佛、道、儒以及基督教和民间信仰。

（2）越南古代文化的兴盛突出表现为教育与科试的发展。从李朝开始，越南不仅考儒生，而且举办儒释道三教弟子的考试。史载：1195 年李朝开始“试三教，赐出身”，[②]1227 年陈朝也“试三教子”，使“各承其业”。[③]后黎三教考试规模进一步扩大。这种科举方式，与“三教并尊”、一视同仁的政策相适应，有利于缓和宗教与社会矛盾，扩大罗致人才的渠道，亦可视为一种民族化特征。可见越南王朝在仿效中国科举制的时候，并没有在科试中“唯儒一家”，别无他教。[④]

（3）越南的学者士大夫有一个共同的特点，他们既受儒学的深刻影响，又融合释、道两家的思想成分。他们一般都有自己的

① ［越］陈文饶：《从十九世纪至八月革命前越南思想的发展》第 1 集，河内，越南社会科学出版社，1973 年版第 463 ～ 464 页。
② ［越］吴士连：《大越史记全书·本纪》卷五。
③ 同上。
④ 何长山：《越南科举三教考试初探》，载《东南亚纵横》1993 年第 2 期第 29 页。

哲学著述，或主要是对中国孔孟经典的注解，但均以诗文见长，其哲学思想往往渗透于诗文之中。18世纪的著名思想家黎贵惇（1726—1784），曾考中榜眼，官至工部尚书，以博学多才、著述宏富著称。其哲学著作有《四书约解》《书经衍义》《芸台类语》《群书考辨》《金刚经注解》和《道德经演义》等多部。学术思想深受宋明理学影响，并杂有释家与老庄的成分。他摘引和介绍了朱子关于理与气关系的论述，但有所不同。他一反朱子以理为本，“有是理便有是气”①的观点，认为“理在气之中，理因气而有”。②可见，有的越南思想家并非完全抄袭、借用，而是有所发挥，并有自己的一定见解。

（4）越南古代思想家将儒释道思想应用到本国时，注入了爱国主义内容，使用了民族化的语言，一些儒家经典译成了喃字，加以注释。以儒、释、道为主要内容的文化是越南民族文化的重要部分，成为越南的重要历史文化遗产。儒教倡导忠孝节义，主张“杀身成仁，舍身为义”，儒生以“富贵不能淫，贫贱不能移，威武不能屈”和“先忧后乐”的精神为楷模，这些同样成为越南士大夫的理想气节，并为社会所崇尚，它有利于越南民族意识的增强和爱国主义的弘扬。在儒家倡导的爱国精神的鼓舞下，越南历史上涌现了许许多多名垂青史的忠义之士。当法国殖民者侵略越南时，为抗击外国侵略壮烈殉国的事迹，史不绝书。

以儒家思想为主的传统文化在越南有深厚的土壤，它不仅对

① 《朱子语类·理气上》。

② ［越］黎贵惇：《芸台类语·理气》。

社会上层有深刻的影响，而且深入社会的下层。以乡亭为中心的越南村社文化的形成和发展，反映了儒教在越南农村社会的广泛影响。村社承认帝王和封建政权的最高统治权，但享有颇大的自治权。越南有句俗话："乡规大于王法"，当乡规民俗与政府法令发生矛盾时，村社按乡规民俗办事，政府对村社内部事务无权过问。越南村社议事集中在乡亭。乡亭按儒教礼仪和规制行事。乡亭重视座次，儒生阶层在乡亭中的地位很高，坐在乡亭的中堂之上，受到尊重。

我们还要看到，儒教虽然在越南近代史开端时已趋于衰落，但它的思想影响却非常深远，一直保持到现代，并在当代越南社会留下深深的痕迹。越南史学家陈文饶指出，有一个似乎不近情理的事实，即"西方的新学文明，它的资产阶级革命思想，在开始传入越南时，不是通过西学家而是通过儒学家传入的"。①

① ［越］陈文饶：《从十九世纪至八月革命前越南思想的发展》第2集，河内，越南社会科学出版社，1973年版第39页。

第三章 中越两国在近代思想启蒙运动和现代化发展进程中的密切联系

中越两国在近代现代的紧密关系，既表现为思想文化的密切交流，也表现反抗殖民主义侵略斗争中的战斗友谊，还突出地体现在两国现代化进程之中的影响和互动。从 19 世纪下半叶中越早期改革的思想启蒙运动起始，到中越两国建立民主共和体制时期，在现代化启动和准备的进程中，中越两国都有着密切的联系。

长期处于半殖民地和殖民地状况的中越两国，与大多数东亚国家一样，在二次大战前，都没有在工业化和现代化的进程上取得多少进展。但从 19 世纪下半叶起，中越两国都曾发生要求改革的思想启蒙运动，进入现代化的初始时期。在这一历史变革时期，中越两国的改革和维新思潮有着一定的联系，通过包括中国在内的多种途径，现代化思潮输入越南，并产生了巨大影响。

19 世纪下半叶，中国处于晚清王朝统治时期，面对西方殖民侵略的威胁，特别是两次鸦片战争的强烈刺激，为求“御侮自强”，清朝一些具有开明思想的督抚和高级官员发动了洋务运动，主张引进西方军事技术，兴办军工企业，以达到富国强兵的目的。这是中国现代化进程的最初启动，但以“自强”为宗旨的中国洋务运动改革基本上停留在器物层面上。1898 年开始的百日维新运动将中国的现代化向制度和文化改革层面上推进了一步，尽管在腐败保守的势力镇压下，变法终于夭折，但维新变法是中国现代化启动时期的一次巨大思想启蒙运动，以康梁为代表的中国维新派人士在各地建立的新学会、新学堂和报馆发挥了巨大的民众动员作用。他们所撰写或翻译的许多宣传维新变法的新书和所传播的新学，不但在唤醒中国民众方面起了重要作用，并在东南亚，尤其是越南产生了强烈的影响。①19 世纪下半叶统治越南的阮氏王朝推行闭关锁国的政策，社会矛盾异常尖锐，国力衰败，封建制度发生严重危机，根本无法抵抗西方资本主义大国的侵略，陷于法国殖民主义侵略的严重威胁之下。在民族存亡的关头，一批爱国的有识之士，包括阮朝的官吏、士大夫和天主教徒，起来要求变革自强，并向朝廷提出了一系列改革的主张和救国图存的方略。

在越南，西方现代化思想和“防御型的现代化改革”思潮，首先是通过一些到过西方国家或它们在亚洲的殖民地的受过儒学教育的阮朝官吏和天主教徒传入的。19 世纪下半叶，越南涌现了一些主张改革的思想家，如阮长祚、阮路泽、丁文田和裴援等，其中首推阮长祚（1828—1871）。阮长祚是一位儒学家，同时是一位具有爱国热情的天主教徒。从 1863 年 3 月到 1871 年 11 月，阮长祚先后向阮氏朝廷上书三十多篇，针对越南社会所面临的一

① ［越］丁春林主编：《新书和 19 世纪末 20 世纪初的越南》，河内，国家政治出版社，1997 年版。

系列紧迫问题，提出了经济、国防、外交和文化教育等方面的改革建议，其中心思想是在维护传统的王权制度的基础上，学习西方先进的科学技术，以及工矿、交通等有用的知识，达到富国强兵、抵御外侵的目的。[①]在外部强大的压力下，阮氏朝廷采纳了阮长祚等改革派的一些建议，进行了一些初步的改革措施。[②]这些改革措施具有一定的进步性，可以说，它标志着越南现代化的初步启动。但以嗣德帝为首的阮氏朝廷与中国清王朝一样坚持封闭的保守政策，腐败无能，将朝野各界人士主张的各项重要改革建议拒之门外。此时越南的早期改革运动也主要停留在上层官员和部分知识分子群体层面，改革建议如同中国洋务运动一样没有触动制度和文化层面，效果极为有限。到19世纪末，越南完全沦为法国的殖民地保护国。不过，这些改革建议为20世纪初叶兴起的越南维新运动做

嗣德帝

① ［越］张百勤：《阮长祚：作者和遗稿》，胡志明市，胡志明出版社，1998年版第71～75页、第209页、第303～306页。

② ［越］丁春林、阮文红：《越南历史上的改革》，河内，文化传播出版社，1998年版。

了一定的思想准备。

20 世纪初叶，亚洲形势发生巨大变化，西方资产阶级新思潮传入，促进中国和越南的民族主义的觉醒。此时中越两国处境基本相似，现代化发展都仍处在准备时期。日本明治维新的成功对越南起了颇大的冲击作用，而中国的戊戌变法运动则对 20 世纪初叶兴起的越南维新运动产生了直接的巨大影响。当时的法属越南，由于殖民经济的开发，经济与社会状况发生了深刻的变动，出现了资本主义因素的工商业和新的市民阶层，但民族资产阶级尚未形成，因而新的思潮是通过具有资产阶级倾向的封建士大夫中的进步分子为桥梁输入越南的。中国维新派的新书所传播的思想在当时越南的进步知识分子中起了振聋发聩的作用，这些新书扩大了他们的眼界。熟谙汉字汉文的越南知识界通过阅读中国维新思想家康有为、梁启超的著作和早期西方资产阶级启蒙思想家著作的中译本，如卢梭的《民约论》、孟德斯鸠的《法意》和达尔文的《进化论》等，接受了西方民主自由思想，了解了世界的变化和亚洲发展的新潮流。正是他们将新思想新文化传播到越南民众之中。

20 世纪初的越南维新运动是由“二潘”——潘佩珠（1867—1940）和潘周桢（1872—1926）领导的，他们是越南爱国儒生的代表。1904 年潘佩珠建立了“维新会”，接着发起“东游运动”，组织了数百名越南青年赴日留学，走上维新的道路。潘周桢同样受到维新思潮的影响，主张变法。他与潘佩珠在开民智、重教育、派青年出国留学、开展新文化宣传、废除旧习俗等问题上意见一致;

对宣传新思想新文化的“东京义塾”都很支持。潘周桢到河内的东京义塾演讲，宣传爱国民主精神。由于“二潘”对越南的社会性质与基本矛盾在认识上的差异，两人的主张虽不尽相同，但他们在弘扬民族精神、开启民智、传播西方新思想和新文化，实行有利于现代化的思想启蒙与政治动员方面的贡献，在越南现代化的准备阶段中的历史作用都是巨大的。

潘佩珠

潘周桢

“二潘”的思想主张和活动得到中国人民的同情和支持。其中，梁启超、孙中山与潘佩珠的联系和影响是近代中越两国现代化发展关系史上重要的一页。潘佩珠于1905年取道中国到达日本。在横滨认识了旅居日本的梁启超，并受到梁的热情接待。潘佩珠与梁接触后，主张建立君主立宪制；梁提醒潘佩珠依靠日本取得民族解放是行不通的。虽然潘氏开始没有听取这一意见，但后来日本与法国勾结，压制东游运动，驱逐越南留日学生，使潘佩珠终于认识了“日本之不可恃”；[①] 梁还对

① 《潘佩珠年表》，越南《远东日报》，1962年8—9月连载。

越南民族独立和发展问题提出了许多宝贵建议，如注重教育，培养人才，鼓励青年出国留学，开启民智，提高民气，蓄积力量，以待时机成熟等等。同年，潘佩珠还在日本横滨会见了中国革命民主派领袖孙中山，并就越南独立问题和中越两国革命发展的关系进行两次长时间的会谈。[①] 会谈虽没有取得完全一致的意见和达成具体成果，但两国民族民主运动领袖的首次会见和联系，为中越两国建立民主共和体制奠定了基础，这在两国现代化发展进程中具有至关重要的历史意义。

在亚洲民族觉醒的浪潮中，孙中山的三民主义学说的传播、辛亥革命胜利与民国的建立对东南亚国家的民族民主运动有着巨大的推动作用。由于地理、历史与文化的密切联系，孙中山的三民主义思想和辛亥革命的胜利，在越南所发生的影响尤为明显、直接而深刻。

潘佩珠在泰国听到中国辛亥革命胜利的消息后，异常振奋，立即撰写了《联亚刍言》一书，阐明了亚洲各国人民联合反帝的道理。1912 年 2 月，越南革命者聚集在当时中国革命的中心——广州举行会议，决定改组了维新会，建立“越南光复会”，规定其宗旨是“驱逐法贼，恢复越南，建立共和民国”。[②] 从此，潘佩珠的政治思想发生了历史性的转变。潘佩珠原本特别推崇儒学，

---

① 《潘佩珠年表》，参阅黄国安等：《中越关系史简编》，广西人民出版社，1986 年版第 137 ～ 138 页。

② 《潘佩珠年表》。

曾说："大哉孔道，佛教、耶稣教焉能相比！"[①] 他倡导"修身、治国、平天下"的信条，主张"有饭同吃，有衣同穿，同甘共苦"的平均主义，认为人类社会发展的最高阶段是"天下为一家的大同世界"。此时他由君主立宪主义变为民主共和主义，并对社会主义表示向往。[②] 他的这一思想巨变与当时世界形势发展和中国民主进步的思想影响有密切关系。

孙中山的三民主义，尤其是"联合一切平等待我之民族"的思想，以及他对亚洲各被压迫的弱小民族的深切同情与支持，使他在亚洲各国，包括越南人民中赢得巨大的声望。1925 年孙中山逝世时，潘佩珠亲笔撰写了"志在三民，道在三民，忆横滨致和堂两度握谈，卓有精神贻后死；乐以天下，忧以天下，被帝国主义多年压迫，痛分余泪泣先生"[③] 的挽联，表达了对孙中山先生逝世的沉痛悼念之情。同年，潘佩珠决定改组越南光复会，按三民主义和中国国民党的章程，建立"越南国民党"。但翌年他不幸被法国殖民者逮捕，并长期软禁，他的这一意愿未能实现。但到 1927 年，越南革命者终于在河内成立了"越南国民党"，并以三民主义为指导，主张进行民族革命，推翻法国殖民统治，进行世界革命，联合殖民地被压迫民族。[④] 潘佩珠和越南民族民主革命派

① ［越］陈文饶：《从十九世纪至八月革命前越南思想的发展》第 2 集，河内，越南社会科学出版社，1973 年版第 39 页。

② 参见梁志明：《潘佩珠与潘周桢比较研究》，载《东南亚历史文化与现代化》，香港社会科学出版社有限公司，2003 年版第 271 ～ 272 页。

③ 《潘佩珠年表》。

④ ［越］丁春林主编：《越南历史大纲》第 2 集，河内，教育出版社，1999 年版第 274 ～ 278 页。

人士与孙中山在中越两国创建民主共和政体的现代化发展道路上的深厚友谊，充分体现了中越两国人民休戚与共的紧密联系。

辛亥革命前后尤其是在第一次世界大战前后一段时期，中越两国社会变革加速，一方面是民族资本主义发展有一个快速增长；另一方面，是以民主与科学为旗帜的新文化运动或思想启蒙运动高潮的兴起，推动着两国社会朝建立民主共和政体的现代化发展方向前进。在当时的国际和国内的历史条件下，中国和越南所经历的道路既有相同之处，又各有不同的特点。两国都受到外国殖民侵略和压迫，越南的独立主权被剥夺，沦为殖民地，中国虽有一个本国人的政府但却处于依附于外国的半殖民地状况；两国都企图走维新的和平改革的道路，都存在着革命民主派与立宪改革派的激烈论争，但在创建现代民族国家的过程中，都最终选择了武装革命为基本斗争方式的道路，而没有选择和平合法斗争的道路。由于中越两国紧密关系和基本相似的共同命运，两国在反对外国殖民主义侵略，创建以社会主义为方向的共和国政权的过程形成了特别密切的联系。

马列主义思想输入越南首先是经过宗主国法国，随后是俄国，而中国是越南输入马克思主义的重要通道。现代越南革命运动的领袖胡志明（1890—1969）是将马克思主义率先引进越南的先行者。胡志明出身于乡村爱国士大夫家庭，他自幼习学汉文诗书，在其一生革命生涯中，注重继承、发扬民族传统，善于利用儒教的优秀遗产。他认为“孔子学说的优点在于个人道德修养”。[①] 并

① 引自陈民先：《胡志明活动的故事》。

常借用儒家的观念，加以发挥，赋予革命新的内容。在革命战争时期，他提出要学习四项革命道德：勤、俭、严、正，①并把儒家的忠、孝概念更新，提出“忠于国”“孝于民”的口号。②

胡志明是中越友谊的倡导者和维护者，他于1924底首次来到中国，1925—1944年间，他的大部分时间在中国从事革命活动。1945年越南民主共和国诞生时，胡志明在《致华侨兄弟书》中说：“我们中越两民族，数千年来，血统相通，文化共同，在历史上素称兄弟之邦；且国土接壤，地区毗连，更属唇齿相依，互为屏障。”③他撰写的《中国革命与越南革命》的著名文章指出：“中国革命和越南的革命真是：恩深、义重、情长、友谊之光，万世辉煌。”胡志明等越南

1955年6月25日，毛主席到北京机场迎接胡志明主席。原载于1955年7月号《人民画报》

位于越南河内市的胡志明纪念馆

① 《胡志明选集》第2卷，人民出版社，1964年版第87页。

② 参阅梁志明：《论越南儒教的源流、特征与影响》，载《东南亚历史文化与现代化》，香港社会科学出版社有限公司，2003年版第195页。

③ 引自麦浪：《战斗中的新越南》附录，新越南出版社，1948年版。

许多老一辈的革命家有长期在中国革命活动的经历，他们与中国老一辈的革命家的友谊是两国革命和现代化建设进程中紧密联系的鲜明见证。

1949 年中华人民共和国建立后，1950 年 1 月 18 日，中国首先承认越南民主共和国，从此两国建立了友好互助的睦邻邦交。胡志明曾用“越中情谊深，同志加兄弟”的诗句来赞美新时期两国的友好关系。虽然在 1976 年后两国关系一度经历了曲折，但在 1991 年中越关系正常化以来，双方在各个领域的交往与合作日益全面发展。20 世纪 80 年代，中越两国先后实行改革开放，卷入工业化、现代化的发展大潮之中。越南的革新，吸取了苏联、东欧改革的历史教训，借鉴了东亚东南亚诸新兴工业化国家与地区的经验，尤其注重中国的改革与建设社会主义市场经济的新鲜经验。作为发展中的社会主义国家，中国和越南与其他东亚发展中国家不同，它们在改革前的经济结构与改革所面临的问题都有许多共同之处，因而在改革的内容、方式、步骤和方法等方面必然有许多相似之处。归纳起来，在当代中越改革和现代化发展方面有以下几个基本的共同点：

①现代化发展进程中，以政治稳定为发展经济的前提，而视经济建设为政治稳定的基础，将经济体制改革作为重点，同时逐步进行政治体制改革；

②两国的现代化改革的中心，都是从变革高度的计划经济体制开始，逐步向社会主义市场经济体制方向转型；

③实行多方位的对外开放政策，由封闭的内向型经济向开放型的外向型经济转变；

④坚持独立自主和社会主义方向，同时主动与国际经济接轨，以逐步融入世界经济体系。

⑤继承和保持民族传统文化的特色，同时注意学习和吸收东、西方的先进文化。

进入21世纪，中越两国通过高层领导人的互访和民间的密切交流，相互信任不断加强。1999年两国领导人共同制定了发展新世纪中越关系的16字方针："长期稳定、面向未来、睦邻友好、全面合作。"近些年来，根据平等互利、注重实效、优势互补、形式多样、共同发展的原则，两国在经贸、科技等领域的交流和合作稳步发展。中越在国际组织和地区经合组织中的合作也逐步加强。2002年11月中国与东盟达成《全面进行经济合作的框架协定》，中国-东盟自由贸易区的建立开始启动。中国-东盟自由贸易区的形成也给越南带来很大的机遇和挑战。在贸易领域，中国将给越南打开一个广大的市场来出口农产品、水产品、矿产等。在投资领域，将促进中国与东盟以及越南的相互投资和经济技术合作关系。中国的改革和越南的革新大大加速了两国工业化和现代化的进程，两国在贸易、投资、技术转让、旅游、人力资源开发等方面的合作日益发展。2003年中国领导人胡锦涛在会见越南领导人农德孟时表示："愿与越方共同努力，进一步充实和丰富16字方针的内涵，把中越睦邻友好、全面合作关系不断提高到新的水平，使两国和两国人民永做好邻居、好朋友、好同志、好伙伴。"[①]

① 中华人民共和国国务院新闻办公室编：《中国－越南》，五洲传播出版社，2004年版第1页。

第四章 和平、友好、互惠的中老文化交流

地处中南半岛北部的老挝，是一个多山的内陆国家，境内80％的地区是山地和高原，素有“印度支那屋脊”之称。老挝北面与我国的云南接壤。发源于我国的湄公河流经老挝的西部，长约1900公里，为老挝最大的河流，从北至南纵贯老挝。从地理上看，老挝与中国也是山水相连，唇齿相依，是有共一脉络的山脉、同一源头的河流的亲密邻邦。

老挝境内的湄公河

中老两国民族之间亲缘联系

老挝是一个多民族国家，据老挝王国时期公布的数据，共有68个民族。按照居住地区分布的不同，老挝通常将老挝各民族划分为三个族系：（1）老龙（也称佬族）族系，老龙意为“山下老挝人”或“谷地老挝人”，居住在平原、河谷地区，人数最多，占全国人口的50.3%；（2）老听（又称卡族、老通族）族系，老听意为“山上老挝人”或“坡地老挝人”，居住在山腰地带；（3）老松族系，老松意为“山顶老挝人”或“高山老挝人”，居住在北部高山地带。[①] 学者的研究指出，老挝的三大族系，除老听族中的一部分是土著原始居民外，其他几乎都是先后由中国迁徙去的。[②]

人类学的资料证明，老挝地区早就有人类的足迹。老挝史前社会居住有美拉尼西亚人、尼格里陀人和印度尼西亚人。据研究，老听族系内的卡族，是老挝原始居民印度尼西亚人的后裔，在老挝川银、川铜和马哈赛一带发现的旧石器时代、新石器时代和青铜时代的文化遗迹，以及查尔平原的石缸文化遗迹，都证明了他们在老挝土地上的生存有悠久的历史。[③]

中国学者根据古代传说、考古与文献资料，采取语言比较和社会实地调查等方法，从不同学科的研究入手，对古代中老两国民族渊源关系做了深入的探讨。在考古学方面，学者指出早在新

---

① 参阅马树洪、方芸编：《老挝》，社会科学文献出版社，2004年版第36页。

② 参阅景振国：《古代中国与老挝的关系》，载景振国主编《中国古籍中有关老挝资料汇编》，河南人民出版社，1985年版第340页。

③ 参阅越南东南亚研究院：《老挝史》，越南社会科学出版社，1997年版第26～47页。

石器时代，中国南方百越人文化，如几何印纹陶、长方石斧和有肩石斧都曾传入老挝。在老挝发现的古陶窑遗址和长方石斧及有肩石斧遗迹，其文化起源于中国南方。亚洲稻作文化源于中国，而中南半岛北部的栽培稻很可能是源于云南。在老挝发现的古代铜鼓与中国发现的广西的西林鼓和贵县鼓有许多相同和相似之处。它们是伴随移民的迁入带进老挝的。①

老听族系中的孟 - 高棉语系诸族人是最早从中国迁移至老挝的民族。他们原是我国西南“百濮”人的一部分，约在新石器时代开始移居中南半岛，有肩石斧文化是通过他们带进老挝的。② 孟 - 高棉人创立了扶南和真腊国，他们大部分居住在柬埔寨，一部分并入老挝的老听族系。老挝的多数民族老龙族则与我国傣族、壮族有密切的亲缘联系。老挝学者说：“老龙族是从中国的云南、贵州逐渐南移到老挝来的，他们把当地土著卡族部落挤上高山，自己便定居于琅勃拉邦至占巴塞一带的湄公河两岸。在历史发展过程中，他们逐渐成为老挝民族的主体。”③

傣、壮人的南迁没有文字记载，但留下不少民族起源的神话传说。其中流传广泛的一则传说是：

始祖“库姆伦（又译坤博隆）来到孟天（亦译芒滕，今越南奠边府，当时属老挝），他立国之地濒临一个被

① 参阅申旭：《老挝史》，云南大学出版社，1990 年版第 10 ～ 30 页。
② 景振国：《老挝地区民族的变迁》，转引自景振国主编《中国古籍中有关老挝资料汇编》，河南人民出版社，1985 年版第 340 页。
③ ［老］富米·冯维希：《老挝及其胜利地反对美国新殖民主义的斗争》，老挝爱国战线出版社，1970 年版第 19 页。

各种藤草围绕的湖泊。湖的北岸有一棵长着两个大瓜的葫芦藤。由于古藤参天，大树茂密，天地混为一体，显得浑浑噩噩。库姆伦派人向天王求助，天王令天神前来砍伐古藤和大树，并穿凿两个大葫芦。藤树被砍伐后，天地分开，人间豁亮。葫芦被凿开后，从第一个葫芦走出好多人，他们是佧、柯姆、普図、佧英、佧米等民族；从第二个中走出的是佬族。”①

关于“葫芦造人”的类似神话传说在我国许多民族中都曾广泛流传，尽管具体内容有差别，但都称葫芦是各族共同来源的母体，与中国的盘古、盘瓠、女娲等有内在联系，反映了中老两国有某种共同的民族渊源和亲缘关系。

在语言学方面，老挝的主体民族与中国壮族、傣族的语言也有许多相近之处，互相交谈不用翻译，可听懂一部分。学者指出，老龙族语言的常用词中，与傣、泰、壮三种语言有许多相同的词汇。② 在地名学方面表现为相似的形格。一为齐头式地名，如“那潘”（Na Pong）、“那当”（Na Than）均以那字为地名的开头。又如班（Ban），壮语是村庄之意，汉字音译有板、版，在傣、壮、泰人地区用它取名的地名众多。③ 此外，从历法上来看，老挝使用

① 蔡文枞：《关于老挝民族的起源问题》，转引自景振国主编《中国古籍中有关老挝资料汇编》，河南人民出版社，1985 年版第 343 页。

② 罗美珍：《从语言上看傣、泰、壮的族源和迁徙关系》，载《民族研究》，1986 年第 6 期。

③ 参阅范宏贵：《华南与东南亚相关民族》，民族出版社，2004 年版第 205 页。

的历法有其民族特色，但与中国古历也有相同之处。老挝历法上使用的天干地支纪年纪日，并且在天干、地支代称的叫法上、语言上与中国云南傣族与广西壮族非常相似，中国学者认为这“将有助于我们研究中老文化交流史”。①

广西的民族学家范宏贵教授在前人研究的基础上，经过多年的调查研究，进一步得出老挝的老龙族与中国的壮族本是同一族源的结论，他指出：“10 世纪前后老龙族与壮族还共同生活在一起，之后老龙族大量迁入老挝。老龙族迁入老挝不是一次完成的，而是在不同时间、不同地点出发，不同路线、数量多寡不同地逐渐迁入老挝的。”②

至于生活在老挝高山地区的老松族群，他们以苗族为主，包括瑶、倮倮、贺等族，属于跨境民族，与我国云贵高原和越南北部山区的同类民族的语言、习俗相近，他们也是从中国南方的贵州、湖南和云南迁徙而进入老挝的。③苗、瑶族迁入老挝的时期较晚，约在 18 世纪。学者认为，这是由于：（1）反抗清朝的“改土归流政策”；（2）乾嘉年间苗民起义失败；（3）太平天国时期苗民抗清斗争的失败。④由此可见，老挝人与中国南方民族有着紧密的亲缘联系与悠久的交往历史。

---

① 沙迈：《从老挝历法使用干支看中老文化关系》，载《印度支那问题论丛》，广西社会科学院印支研究所，1986 年，第 181 页。

② 范宏贵：《同根生的民族——壮泰各族渊源与文化》，光明日报出版社，2000 年版第 215 页。

③ 参阅申旭、刘稚：《中国西南与东南亚的跨境民族》，云南民族出版社，1988 年版。

④ 参阅景振国：《古代中国与老挝的关系》，载景振国主编《中国古籍中有关老挝资料汇编》，河南人民出版社，1985 年版第 341 页。

中老两国之间早期的历史交往和邦交关系

中国古籍记载："交趾之南有越裳国。周公居摄六年，制礼作乐，天下和平。越裳国以三象重译而献白雉。"[①]从悠远的南方经过多次辗转翻译来周朝贡的越裳的方位，记载不一，中外学者的意见也不同，有认为古越裳地在越南（交趾）、占城的，亦有认为在今老挝或今中国西南地区的。据有些中国学者研究，古越裳国为老挝地区在公元前后出现的部落联盟式的早期"国家"。[②]

老挝正式立国约在公元1—2世纪。中国史籍记载，老挝北部在三国东吴时曾出现称"堂明"或称"道明"的古国。[③]堂明国或道明国为老挝地区最早的国家，它于吴黄武六年（227）遣使来中国。[④]这"标志着中老两国正式交往的开始"。[⑤]吴赤乌七年至十四年（244—251），孙权派宣化从事朱应、中郎将康泰往南海扶南、林邑等国宣化，其中可能到达堂明。学者考证，堂明国位于今老挝的川圹地区，孟-高棉人是它的主体民族。他们创造了川圹查尔平原上的巨石文化——石缸文化。如前所述，孟-高棉人是中国云南"百濮"族群的一部分，后迁徙至老挝北部。[⑥]堂明国与中国南方的东吴在公元3世纪有断断续续的交往。

---

① 《尚书大传》卷五。

② 参阅申旭：《老挝史》，云南大学出版社，1990年版第56～60页。

③ 胡三省：《资治通鉴注》："常明即道明，在真腊北。"

④ 顾祖禹：《读史方舆纪要》卷一一二，堂明条。

⑤ 黄盛璋：《文单国——老挝历史地理转择》，载《历史研究》1962年第5期。

⑥ 参阅申旭：《老挝史》，云南大学出版社，1990年版第78～79页。

公元8世纪初，真腊国一分为二。水真腊位于扶南王国故地，即今柬埔寨境内，陆真腊在其北面，又称“文单国”，或称婆镂，位于今老挝中南部，两国的分界线在今老挝巴色地区。文单国王都在今万象（又译永珍）。陆真腊即文单国与唐朝有颇为密切的联系，它与云南南诏国地方政权和西双版纳的茫仍（勐泐）也有联系。

文单国是一个内陆国家，没有出海口，它与唐代中国的交通虽可走海路，经安南出海至广州，但因缺乏海上交通工具，带往中国的礼物又是大象，故一般是走陆路，经唐代安南的驩州北上长安。据史籍记载，唐代安南与文单的交通路线是“自驩州西南二日行，度雾温岭，又二日行至棠州日落县，又经罗伦江及古朗洞之石密山，三日行至棠州文阳县。又经婺婺涧，四日行至文单国之算台县，又三日行至文单外域，又一日行至内城”。[①]学者考证，驩州位于越南中部义安、河静一带，治所九德（今义安荣市）。雾温岭位于驩州与老挝的甘结之间，中有骄诺隘为必经孔道。日落县在甘结附近，文阳县在今老挝的班梳一带，二者均位于今老挝的甘蒙省境内。石密山为河静省的白石峰，婺婺涧应为湄公河或其支流。[②]从驩州至文单都城内共计需时16日。[③]

文单国曾四次来华朝贡，两次遣使，一次王子亲诣，一次副王亲诣。

---

① 《新唐书》卷四三下。

② 黄盛璋在《文单国——老挝历史地理新探》一文中考订婺婺涧即婺牛河，为湄公河或其支流。参见《历史研究》1962年第5期。

③ 参阅申旭：《老挝史》，云南大学出版社，1990年版第98页。

唐开元五年（717）真腊（即水真腊）、文单两国使团一道来华，住了一个月，受到隆重接待。返回时，唐玄宗分别给两国颁赐了玺书，并各送帛500匹，请使者带给两国国王。[①]此为文单国的初次遣使访华。随后文单国有两次大规模的高层次访问：

第一次大规模来访是唐天宝十二年（753）。文单国王子率其属26人访问中国，[②]唐王朝授其属“果毅都尉”，赐紫金鱼袋，并令其随唐朝何履光军队至云南而后回国。[③]

第二次大规模来访是唐代宗大历六年（771）。文单国副王婆弥与妻子和25位使臣来华，馈赠“驯象一十有一”，唐王朝于三殿设宴款待，以示热烈欢迎。唐代宗接受大臣的上奏，嘉奖文单国副王婆弥“慕我中朝之化，方通南极之风，义在抚柔，礼当加等”，下诏授婆弥为“开府仪同三司，试殿中监”。[④]开府仪同三司在唐代为从一品文散官，而试殿中监则是相当于殿中省的最高长官。

文单国最后一次遣使访华是唐贞元十四年（798），贡使李头及被封为中郎将。[⑤]“李”应为唐朝所赐的汉姓。

唐代中国与文单国的密切交往，既是政治上的友好访问，又是经济文化上的交流。唐王朝对来访的文单国使团热诚接待，对使团历尽艰辛，带来的大象派专人饲养。唐德宗（780—805年在位）即位后，将文单国所献舞象，全部放回“荆山之阳”的山林中。

① 《册府元龟》卷九七一。
② 《册府元龟》卷九七一。
③ 《册府元龟》卷九七五。
④ 《册府元龟》卷九六一。
⑤ 《册府元龟》卷九七六。

唐朝的回赠，除金银外，大多是丝绸、布帛和瓷器等生活用品，有利于两国的经贸往来。此外，还安排使团参观学习中国文化。唐玄宗开元二年（714）下旨："自今已后，藩客入朝，并引向国子监，令观礼教。"[①] 通过进入国子监观摩，文单等国使者学习了中国的律学、太学、书学、算学等方面的知识，加深了对中华文化的了解，这有助于促进中老两国的精神文化的交流。

明清两代中老两国之间的经济与文化联系

公元 9—10 世纪，水陆真腊重新统一，老挝地区成为真腊王朝统治的一部分。此时，中国历史进入唐末五代十国的分裂时期，北宋与南宋时期（960—1279），云南大理国政权与宋相对峙，中国与老挝的交往在史书中几乎没有记载。直至元军南下，灭大理国后，中国中原地区才恢复了与西南地区和中南半岛诸国的联系。这一时期，老挝出现称为"猛老"（亦称景老）的国家，是 12 世纪在西双版纳地区建立的"景龙金殿国"的属国。景龙国王叭真封其三子依罕冷驻守猛老。[②] 元代曾在云南边外设老丫、老告两个军民总管府。元史记载，元顺帝至元四年（1338）八月，"老告（即老挝）土官八那遣侄那赛赍象马来朝，为立老告军民总管府。"[③] 又载：至元七年（1347）正月，"云南老丫等蛮来降，

① 宋敏求：《唐大诏令集》卷一二八。
② 参见：《泐史》，李佛一译，载《云南史料丛刊》第 24 辑第 145 页。
③ 《元史·顺帝本纪二》卷三九。

立老丫耿冻路军民总管府。”[1]有的学者认为老丫和老告为老挝古国名。[2]不过目前只有上述元史的记载，尚缺乏更多说明它们的确切方位的旁证。元代与老挝的联系甚少，这种情况进入明代后发生重大变化。

14世纪中叶，以琅勃拉邦为中心的老挝孟骚国的王子法昂（1328—1373）依靠其岳父（真腊国王）的支持，击败各地割据势力，统一老挝地区，建立了老挝第一个统一的封建中央集权国家——澜沧（又译南掌）王国。在老挝语中，“澜”意为百万，“沧”意为大象，澜沧王国即“百万大象之国”。法昂王（1353—1373年在位）定都川铜（琅勃拉邦），其领土东界越南，东南连占婆（今越南中部），北与中国接壤，南接真腊，西邻暹罗，奠定了今老挝王国的疆域。之后法昂长子陶温孟继位，称“桑森泰王”（我国史书称刀线歹，1374—1417年在位），他继续加强中央集权，促进经济发展。此时中国明王朝建立，中老关系进入空前兴盛发展的时期。

创立澜沧王国的老龙族人所信仰的大乘佛教，是经中国云南和缅甸传入的。法昂王则引进和倡导上座部佛教（小乘佛教），并将其定为国教，此后，老挝成为上座部佛教的传播中心之一。

有明一代，共二百七十多年内，老挝先后有10位国王向中国遣使达34次。明初，老挝的桑森泰王和兰坎登王（1417—1428）

---

① 《元史·顺帝本纪四》卷四一。
② 参阅陈碧笙：《老挝异名考》，载《印度支那研究》1980年增刊。

就曾 15 次派遣使团访问中国。明朝也多次遣使回访老挝。据记载，永乐元年、永乐二年、永乐五年、永乐九年、洪熙元年、宣德元年、宣德三年、宣德六年，明朝都有使臣访问老挝。[①]

在政治上，明朝采用设立军民宣慰司的方式进行管理。永乐二年（1404），明朝在老挝设立军民宣慰司，以刀线歹为宣慰使，颁给印信。[②] 以后每当新王继位，明朝都要授予此封号。明朝虽设置有“经历”“都事”一类官员，并派往老挝帮助翻译奏报信函，但实际上，明朝并不干涉老挝的内部事务。在经济上，双方开展朝贡贸易。老挝进献的主要是：象、马、金银器皿、犀、犀角、象牙、龙涎香等方物，明朝回赠的物品有锦缎、棉纱、丝罗、布匹、靴袜等，还有钞币、象服等物。

明朝末年，中国内乱，其时老挝被缅甸东吁王朝侵占，中老官方交往陷于中断。清朝初年，老挝陷入分裂局面。1707 年后，澜沧王国分裂为琅勃拉邦、万象和占巴塞三个王国和川圹地区。到雍正年间，老挝国内局势基本稳定，中老关系才进一步发展起来。

清代老挝遣使访华 24 次，与明代 34 次相比，双方官方交往的次数较少，原因是明代定老挝为三年一贡，而清代雍正七年曾定五年一贡，到乾隆八年又改为十年一贡，双方官方来往次数自然要少一些。加之，万象王国和占巴塞王国为暹罗属国，川圹受越南王朝控制。在清代史籍文献中，找不到与万象王国和占巴塞

① 参阅景振国主编：《中国古籍中有关老挝资料汇编》，河南人民出版社，1985 年版第 346 ～ 347 页；申旭：《老挝史》，云南大学出版社，1990 年版第 148 ～ 149 页。

② 《明实录·太宗实录》卷二八。

王国交往的史料，清朝仅与邻近的琅勃拉邦王国有邦交。琅勃拉邦王国受到来自缅、暹、越等强邻的威胁，英国学者霍尔指出，英塔松王对琅勃拉邦的统治，从国内来说是完全平静的，“但从对外来关系说来，他却面临严重的危险。他的孤立导致他开始与中国建立外交关系。”[①] 在中老关系史上，清朝与琅勃拉邦王国的交往，尤其是英塔松王在位时期，有 9 次遣使中国，占清代老挝遣使访华次数的三分之一，两国邦交的兴旺时期。南掌使者频繁访华，清代四夷馆内未有熟谙南掌语言的译员，清政府于乾隆十三年决定，“合暹罗、缅甸、百夷、八百，并苏禄、南掌为一馆，曰百夷馆”。[②]

琅勃拉邦王国第一次遣使到清朝为雍正七年（1729）九月，英塔松王（岛孙王）派出以叭猛花为首的一个九十余人的大型使团，“备象两只，蒲编金字表文一道”，[③] 从云南入境。经清廷同意，叭猛花率十几人进北京。朝廷两次宴请叭猛花等，并封岛孙为南掌国王，赏给了大量赠品。叭猛花等在云南逗留了许多天，历经一年，至雍正八年底才回国。回国时又受到热烈的欢迎。岛孙王令大叭目四人率 2000 人，备金银彩花龙船四十余艘，设龙亭香案，亲出 25 公里外迎接。“该国君民，欢声雷动，举手加额”，[④] 盛况空前。

琅勃拉邦王国的使团一般是从云南入境，经贵州、湖南、湖北、

① ［英］D.G.E. 霍尔：《东南亚史》上册，商务印书馆，1982 年版第 536 页。

② 《清实录·高宗实录》卷三一五。

③ 《清实录·世宗实录》卷八六。

④ 参阅景振国：《古代中国与老挝的关系》，载景振国主编《中国古籍中有关老挝资料汇编》，河南人民出版社，1985 年版第 349 页。

河南、河北等省进入北京的。清朝十分重视对琅勃拉邦王国使团的来访，沿途每一站都有接待安排，仅在云南境内就设有5个接待站，当使者到时须按照规定礼制接待。使者往返途中，不仅受到地方官员的盛情接待，而且受到各地人民的热烈欢迎。大象是使团常携的贵重礼物，他们沿途进行驯象表演，备受欢迎，往往出现万人围观争看的动人情景。云贵总督阮元赋诗赞美道：

驯象高头跨锦蛮，碧鸡坊下万人看。

分明各有花名字，领队相呼报贡雀。①

清代中老“朝贡贸易”的规模和数量要大于明代。南掌国使者所贡仍以大象为主，此外有象牙、锦、犀角、土绸、檀香、雀尾、藤席、树头酒等土特产品，回赠的物品种类繁多，十分优厚，包括吃、穿、用的各种用品。以乾隆五十五年为例，清朝赠给南掌国王的有：玉佛、如意、金镶玉亭、茶奶叶、妆缎、倭缎、大缎、五色绢、五色纸、玻璃器；赠给使臣的有：大元宝、扇子、茶叶、茶膏、瓷碗、瓷碟、蟒缎、大锻、绫、漳绒、火镰、瓷鼻烟壶、漆木碗、漆木盘、五丝缎、八丝缎、象牙茶盘、荷包、皮碗、江绸、绉绸等。清朝还多次赠送骆驼、马、骡等牲畜给南掌国。品种如此丰富的物资交换有助于促进中老两国经济与文化的交流。

除官方贸易外，民间贸易和云南边境贸易的交往频繁。史籍记载，老挝人“知耕种，勤纺织，其近在普洱府东界外者，常入

① 阮元：《研经室续集》卷十。转引自景振国主编《中国古籍中有关老挝资料汇编》，河南人民出版社，1985年版第259页。

内地贸易”。[1] 中国的瓷器、漆器和茶叶历来是老挝人民所喜爱的商品，而老挝所产的乳香、西木香、乌爹泥、鲜子、诃子和树头酒亦素为我国人民所喜爱。老挝的特产神品兰花移植到维扬后，“人争来看，门几如市”。[2] 明清两代云南地方与老挝之间的民间交易的货币常用海贝，又称“巴贝”。[3] 尽管清政府一度禁止边境地区的民间商业贸易，违禁者遭严办，但边境交界地区两国边民的这种贸易无法阻断。跋山涉水、结伴而行的中国马帮商队深入老挝内地，为沟通中老之间物资交流做出了默默的奉献。

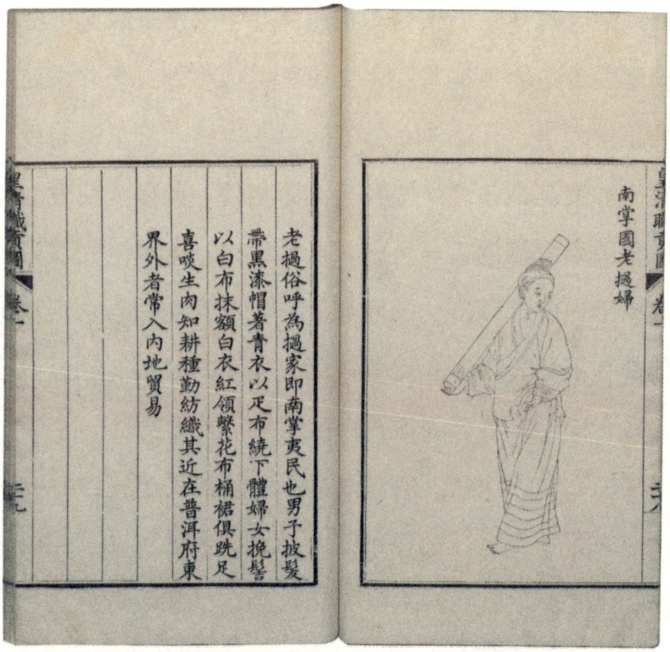

《皇清职贡图》中记录老挝人的部分。清乾隆年武英殿刻嘉庆十年（1805 年）增补本。现藏于哈佛大学哈佛燕京图书馆

① 《皇清职贡图》卷一。

② （清）檀萃：《滇海虞衡志·志花》。

③ 申旭：《滇老贸易的回顾与展望》，载《东南亚》1989 年第 2 期。

明代永乐年间，老挝已有华人定居。明末清初，旅居老挝的华侨华人人数有较多的增加。[①] 进入老挝的华侨一是来自云南的农民，分布于上寮的丰沙里、桑怒和川圹等省。老松族系中的和（贺）族，实际上就是从云南迁入老挝的华人。二是来自福建、广东、浙江等东南沿海等省华人移民，他们分布在中下寮地区。[②] 华侨经济在 18—19 世纪的老挝社会中已居重要地位，勇于开拓、善于经营的华侨华人促进了老挝经济的开发和中老经济文化的交流。

历史上中老之间关系的发展，是以和平、友好、互惠为基本轨迹的，中老边界是一条名实相符的和平、友好、睦邻的边界。唐代安南西部边界上虽曾发生文单国扰边事件，但并未影响双方关系的正常发展。长达 710 公里的中老边界上从来没有发生过互为仇敌的冲突与战争。两国关系和睦相处，两国人民友好交往，这是中老关系发展的显著特征。近代以来，老挝沦为法国的殖民地，隶属于法属“印度支那联邦”，中老邦交关系中断，但人民之间的交往不断，老挝人民争取民族独立的解放运动受到中国人民的大力支持。1975 年老挝人民民主共和国建立后，特别是 20 世纪 90 年代后，饱经沧桑的中老关系获得新的发展。1991 年，两国政府通过友好协商，正式签署了《中老边界条约》。中老边界划分在法律上得到确认，成为一条持续稳定的和平友好的边界，这为两国睦邻友好关系的进一步发展奠定了坚实的基础。

---

① 郭保刚：《老挝华侨概述》，载《印支研究》1984 年第 3 期。

② 张文和：《越南高棉寮国华侨经济》，台北海外出版社，1956 年版第 119 ～ 120 页。

第五章 睦邻互助、高潮迭起的中東文化交流

位于中南半岛东南部的柬埔寨，是东南亚地区的一个具有悠久历史的文明古国，中柬两国的历史联系可追溯到两千多年前。柬埔寨人民以浩瀚的洞里萨湖和贯穿国土北南的湄公河流域的大平原为中心，创立了东南亚最早的一个海上强国——扶南王国，建立了闻名遐迩的“富贵真腊”王朝，创造了举世瞩目的辉煌的“吴哥文化”。自古以来，中柬两国人民世世代代和睦相处，互相帮助，两国文化密切联系、相互交流，在国家关系史上实属罕见！

柬埔寨洞里萨湖上的船屋

中柬民族的亲缘关系与中柬两国的早期接触

考古发掘证明，早在公元前三四千年以前，柬埔寨的湄公河流域和洞里萨湖区就有人类活动的足迹。在柬埔寨的三隆盛等地曾发现新石器时代的遗迹。在莫卢波雷的遗址中，还发现有一定规模的冶铜工场和出土一些铁器，并在墓葬中发现屈腿跪姿的女性遗骸，以及用珍珠穿成的手镯和项链等陪葬品，说明史前时代的柬埔寨人不仅使用磨制石器，而且学会制陶和炼制青铜器，经历了石器时代和青铜时代。随后社会出现了贫富分化，向有阶级的社会演进。现今在桔井一带的高原山地，还发现一系列人类居住的土围子，表明在柬埔寨的土地上，从远古时代起就有原始居

12 世纪末至 13 世纪初的柬埔寨吴哥古迹巴戎寺

民居住。[①]

柬埔寨是一个多民族的国家，共有二十多个民族，主体民族高棉族（又称吉蔑人）占全国人口 80% 以上。关于高棉人的起源问题，学术界并无定论。有些外国学者认为它是从印度迁移来的，但我国民族学家经过多年研究认为，先秦时期居住在中国西南部的濮人，就是近代属南亚语系的孟高棉语族各族人的祖先。[②] 史前时期的中南半岛是亚洲大陆民族向南迁徙的通道。濮人分为两支从中国大陆的西南地区沿着湄公河向中南半岛逐次南迁，一支到达湄公河中游的孟河流域，他们是孟人（Mon），或称猛人、蒙人，从公元初至 11 世纪，他们到过中南半岛南部和马来半岛一带，建立了“堕罗钵底国”、林阳国和直通王国等一系列孟人国家；另一支来到今柬埔寨的土地上，是为高棉人，而留在孟河地区的则是老挝的老听族系的卡族等民族。在公元 1 世纪，高棉人创建了东南亚古老的扶南王国。[③] 孟人与高棉人语言相似，族源同一，故学界通常合称为孟 - 高棉语族。他们居住过的故土——云南，现今仍生活有与他们有族源关系的一些民族，即属于孟 - 高棉语族的佤族、德昂族和布朗族。[④] 由此可见，柬埔寨的多数民族高棉人与中国西南部民族有着密切的亲缘关系。

① 许肇琳、张天枢编著：《柬埔寨》，广西人民出版社，1995 年版第 37 ～ 38 页。
② 马曜主编：《云南各民族的源和流》，载《云南简史》，云南人民出版社，1983 年版第 4 ～ 5 页；陈序经：《猛族诸国初考》，载余定邦、牛军凯编《陈序经文集》，2004 年版第 561 页。
③ 陈序经：《扶南史初探》，《陈序经东南亚古史研究合集》上卷，海天出版社，1990 年版第 265 ～ 266 页。
④ 参阅王民同主编：《东南亚史纲》，云南大学出版社，1994 年版第 18 页。

中柬两国的最初联系，有信史可考的是在公元初的东汉年间。据记载，一是东汉“元和元年（84）春正月，中山王焉来朝，日南徼外蛮夷献生犀、白雉”。[①] 日南即隶属东汉的交趾郡，“徼外蛮夷”即其境外国家。二是“元和元年，日南徼外蛮夷究不事人邑豪献生犀、白雉”。[②] 一些学者考订，“究不事”即今柬埔寨的古代译名。邑豪为当地部落首领。[③] 这两段史料是迄今所知中国与柬埔寨之间最早交往的文字记载，具有重要的学术价值，表明在公元 1 世纪，柬埔寨地方“邑豪”与东汉王朝之间已有接触，可以说它是中柬两国正式邦交的前奏。

东汉末年，三国东吴年间，柬埔寨的扶南王国成为南海商业大国，位于中国、印度和西方东罗马帝国海上交通要道的扶南，航海事业发达，“扶南大舶”将扶南的特产和西方商品运来中国，也促进了中柬两国间使节的往来。公元 3 世纪，扶南国数次遣使到东吴。史载，吴黄武四年（225），扶南使节到中国赠琉璃。[④] 吴黄武五年至黄龙三年（226—231）之间，扶南王又遣使来中国访问并赠礼。随后吴赤乌六年（243）十二月，“扶南王范旃遣使献乐人及方物”。[⑤] 扶南乐由此开始输入中国，东吴特建“扶南乐署”教宫人演习。以上是柬中两国官方交往和文化交流的正式记录。

吴赤乌七年至十四年（244—251），孙权派宣化从事朱应、

---

① 《后汉书·肃皇孝兴章帝纪》第三。

② 《后汉书·南蛮西南夷列传》第七六。

③ 陈显泗等：《中国古籍中的柬埔寨史料》，河南人民出版社，1985 年版第 1 页。

④ 《图书集成·食货典》卷三三四。

⑤ 《三国志·吴志·吴主传》。

中朗将康泰为使者出访扶南等南海诸国，[①]这是中柬交往史上一件重大事件。朱应、康泰在扶南居住多年（一说有21年），广泛开展社会调查，并探询从扶南通往大秦（罗马）的途径。他们向扶南王范寻建议，改变扶南男子裸体的习俗，获范寻的采纳，从此，扶南男子开始在腰间围"横幅"（今之纱笼）。他们还会见前来扶南国的印度使节陈宋，"具问天竺土俗"，了解印度的情况。[②]

朱应、康泰除访问扶南外，同时访问了附近许多国家和地区。归国后，根据所见所闻朱应撰《扶南异物志》，康泰著《吴时外国传》。这是我国关于柬埔寨和东南亚国家最早的实录文献记载，惜后来散佚。《扶南异物志》在《隋书》《旧唐书·经籍志》《新唐书·艺文志》等著作内录有此书。《吴时外国传》则仅有部分保留在《水经注》《艺文类聚》《通典》《太平御览》诸书中。朱应、康泰的出访是中国外交使节第一次访问扶南和南海国家，推动了中柬友好关系的发展。此后，中柬交往掀起了第一个高潮。

中柬友好关系的第一次高潮与佛教文化交流

公元2—6世纪，两晋、南朝，特别是梁、陈时期，扶南是东南亚一个强盛的大国。中柬之间不仅政治、经济交往日趋密切，而且宗教文化交流日益频繁。

---

① 《三国志·吴志·吕岱传》；《梁书·扶南传》。

② 《梁书·中天竺国卷》。

晋代，扶南先后于泰始元年（公元265年）、泰始四年（公元268年）、太康六年（公元285年）、太康七年（公元286年）、太康八年（公元287年）、升平元年（公元357年）遣使访问并赠送礼物。[①] 南朝刘宋时期，扶南于元嘉八年（公元431年）、元嘉十一年（公元434年）、元嘉十二年（公元435年）和元嘉十五年（公元438年）四次遣使访问并赠礼物。[②] 至梁朝时期，双边关系空前紧密。史载，扶南于503—539年内，曾先后10次遣使访问梁朝，平均每三年半一次。派遣使节的次数与频率均超过以前各朝。请参见下表：

表3　扶南历朝访华遣使统计表

朝代	吴 220-280	晋 265-420	宋 420-479	齐 479-502	梁 502-557	陈 557-589
遣使次数	3	6	4	1	10	3
平均间隔期（年）	19	26	15	23	5.5	11

参据周中坚：《中柬友好关系史上的第一次高潮》，载《东南亚史论文集》，河南人民出版社，1987年，第160页。

当时中国已是一个海外交通发展的国家，不仅与扶南有使节交往，而且与东亚、东南亚许多国家有交往，但扶南是向中国遣使最多的国家。请见下表：

表4　梁朝时期海外诸国对华遣使一览

国别	新罗	狼牙修	丹丹	干陁利	婆利	盘盘	百济	高句丽	林邑	扶南
次数	1	1	2	2	2	3	4	7	7	10

资料来源：《梁书·本纪》《梁书·诸夷传》；周中坚：《中柬友好关系史上的第一次高潮》，载《东南亚史论文集》，河南人民出版社，1987年，第160页。

① 《晋书》卷三、卷八。

② 《宋书》卷五、卷九七。

在上述10个国家中，高句丽和林邑各遣使7次，是扶南以外遣使较多的两个国家，但与扶南相比仍有差距。其时位于马来半岛上的盘盘、丹丹、狼牙修是扶南的属国，如若将它们的对华遣使作为扶南对华的组成部分，那么，扶南在梁朝对外关系中所占的比重就更大了。

以梁朝与扶南交往为顶峰的第一次中柬友好高潮中，双方的关系不仅表现为政治上友好、经济上互惠，最突出的表现为佛教文化的密切交流。

受印度宗教文化影响的扶南，婆罗门教与大乘佛教是主要的宗教信仰。大乘佛教是经海道由印度输入扶南的，具体时间已不可考。据记载，南朝齐武帝永明二年（484），扶南高僧那伽仙访问了中国。那伽仙携带了致中国皇帝的表文，其中记述了扶南王，除说明扶南信仰婆罗门教以外，还讲述了许多佛教的哲理，如“菩萨行忍善，本迹起凡基”“佛化通十方，无不蒙济擢”。[①] 这说明扶南大乘佛教已有发展，佛教僧侣受到重用。

5—6世纪扶南佛教兴盛，成为南海佛教传播中心。在笃信佛教的梁武帝在位时期，梁朝大力弘扬佛教，此时中国与扶南的佛教关系特别密切。梁武帝在京城建“扶南馆”，作为接待来访的扶南使者的宾馆和扶南高僧的译经场。梁朝大同五年（539），来中国的扶南使者言其国有佛发，长一丈三尺，梁武帝随即派沙门释昙宝为专使赴扶南迎佛发。[②]

---

① 《南齐书·扶南传》。
② 《梁书·扶南传》。

梁陈时期来自扶南的几位沙门和天竺高僧在中国传经弘法的事迹，是中柬佛教关系史上的大事。唐代僧人智深等撰写的书，记录了他们在梁朝译经的情况：①

僧伽婆罗（459—524）又名僧费、僧铠。扶南人，15 岁出家，专习阿毗昙，受具足戒后，广学律藏。南朝齐时乘商舶泛海到了金陵（南京），住正观寺。从天竺高僧求那跋陀研习大乘经，佛学造诣湛深，并通数国语。梁天监五年（506）受聘于金陵寿光殿、华林园、正观寺、占云馆、扶南馆等 5 处译经。至天监十七年（518）共译经 11 部 48 卷，内有《阿育王经》《解脱道论》。梁武帝亲诣法座，礼待甚厚，“引为家僧”。他在中国生活了 30 年左右，因疾在金陵的正观寺圆寂。

曼陀罗　意译“弱声”，又名曼陀罗仙。扶南沙门。天监二年（503），扶南王阇耶跋摩派遣他携带梵文佛经和珊瑚像赠给梁朝。梁武帝命与僧伽婆罗合译《宝云经》《文殊师利般若波罗密经》等。须菩提意译“善现”“善见”等，又译须浮帝、须扶帝等，古天竺拘萨罗国舍卫城人，属婆罗门种姓。受陈朝邀请，从扶南至扬州，住至敬寺，译有《大乘宝云经》等。

真谛　意译“亲依”，又名拘那罗陀，西天竺优禅尼国人。至扶南弘法，应梁武帝之邀，以扶南佛教特使身份于梁大同十二年（546）至南海（广州），两年后到金陵，并游历江、浙、赣、闽等地，最后又回到广州。他带来贝叶梵本 240 缚，在中国 23 年，

① 参阅智深：《开元释教录》卷六；道宣：《续高僧传二集・大唐内典录》卷四下，卷五下。

共译有经论纪传 64 部 278 卷，主要有《十七地论》《金光明经》《摄大乘论》《俱舍论》等，系统地介绍了大乘瑜伽行派思想。他与弟子慧恺合译之《摄大乘论》影响最大，为南朝摄论学的主要理论依据。真谛还言传身教，诲人不倦，培育了大批佛教学者，创立了摄论学派。他与鸠摩罗什、唐玄奘、不空等高僧，在中国佛教史上并称为“四大译家”，所译佛教论著，大大丰富了中国的佛教文化宝库。陈太建元年（569）真谛在广州圆寂。[①]

以上四位来自扶南的高僧在我国译经弘法，为中柬佛教交流做出了宝贵贡献。

中柬友好关系的第二次高潮与隋唐时期的经济文化交往

6 世纪中叶，扶南衰落，北部的属邦真腊兴起。6 世纪中叶时，真腊国王拨婆跋摩开始兼并扶南领土，630 年伊奢那跋摩攻占吴哥波雷，征服扶南，并定都伊奢那城。真腊以灌溉农业为基础迅速发展起来。真腊与中国有密切交往，隋大业十二年（616）国王伊奢那先遣使访问并赠送礼物，隋炀帝优渥接待。[②] 这是真腊对隋朝的第一次也是唯一的一次遣使访问。隋朝国祚短暂，它与真腊仅有这一次接触。

继之而起的唐朝建立后，迅速发展为亚洲一个繁荣昌盛的强大

① 参阅《续高僧传·真谛传》。

② 《隋书·炀帝纪下》。

帝国。唐代中华文化高度发达，海外交通空前发展。唐朝大力推行开放政策，吸引周边国家纷纷来华访问。据统计，从唐高祖武德六年至宪宗元和九年（623—814）的191年中，真腊先后遣使达16次之多，平均约12年一次，其频率虽不及梁朝时期，但其规模和接待的层次却毫不逊色，学者赞誉其为中柬友好关系的第二次高潮。①

唐代广州成为世界闻名的商港，为适应对外关系发展的需要，唐代开始在广州设置管理外贸事务的市舶使。②当时从南海各地前来广州贸易的商船川流不息，从海上前来的真腊商船也驶抵广州，进入中国。

唐时的真腊仍是中印佛教文化交流和僧侣交往的桥梁。唐高宗永徽六年（655），天竺高僧那提三藏携带一千五百余部佛经从南海来到长安，住慈恩寺。他精于佛经，长于医药，备受高宗器重。次年受命往南海诸国为皇帝采药。他涉足南海诸国，传经弘法，历时8年，于高宗龙朔三年（663），返回长安。同年真腊派出使者专程来到唐朝，邀请那提三藏前往真腊，返回南海。其语意诚挚，称“南海真腊国，为那提素所化者，奉敬无已，思见其人，合国宗师假途远请”。同时提出真腊产好药，请唐皇允其前往采药。唐高宗信其所言，便同意他们的请求，允那提赴真腊。③那提三藏以采药为名往来于中、柬和南海各地，传经弘法，对印度、中国

① 参阅陈玉龙：《中柬友好关系的三次高潮》，载《中国与亚非国家关系史论丛》，江西人民出版社，1984年版第32页。

② 《册府元龟》卷五四六。

③ 道宣：《续高僧传二集·那提三藏传》。

和真腊之间的佛教交流起了桥梁作用。

其时真腊是中国僧人往西天求法取经的中途站。唐代高僧玄奘在他的著作《大唐西域记》中曾将“伊赏那补罗”即真腊国列为印度以东南海六国之一，说自己“虽不能至”，但“心向往之”。[①]另一名高僧义净于7世纪末曾几度来往于南海，他在所著《大唐西域求法高僧传》中，记录了益州成都义朗法师与僧人智岸及其弟搭乘商舶途经真腊赴印度取经的事迹，说他们“同附商舶，挂百尺，陵万波，越舸扶南（即真腊），缀缆朗迦戎（即马来半岛的狼牙修）”。[②]这些都充分表明，唐时的真腊在中印佛教文化交流中的中介作用不可忽视。

7世纪末，真腊国王阇耶跋摩去世后，因无嗣，王后掌权，国内陷入混乱。8世纪初分裂为陆真腊与水真腊两个国家。水陆真腊均与中国唐朝有密切联系。陆真腊又称“文单国”，由于地理位置靠近中国，与唐朝交往更为紧密，它与唐朝的关系在前述中老关系中已做陈述。

隋唐时期中柬的文化交流也不是单方面的，柬埔寨对唐代文化的丰富和发展发生了影响。以音乐为例，从三国东吴献乐工，向中国输入“扶南乐”以后，柬埔寨的音乐进入中国宫廷。隋代曾设置七部乐，又杂有七部外诸国之乐，其中有“扶南乐”，并以印度乐器演奏。[③]唐代将扶南乐与天竺乐、骠国乐等一起列入

① 《大唐西域记》卷一〇。
② 义净：《大唐西域求法高僧传》卷上。
③ 《隋书·音乐下》。

十四国之乐。《旧唐书》《新唐书》都有“扶南乐”的记载，说“扶南乐，舞二人，朝霞行缠，赤皮靴”。[①] 真腊也有铜鼓，《通典》记载：“铜鼓，铸铜为之，虚其一面，覆而击其上。南夷扶南、天竺类皆如此。”[②] 扶南真腊铜鼓在形制上类似中国古铜鼓，隋唐时随扶南乐来到中国，用于祭祀，风行于乐坛。[③]

水陆真腊曾短暂统一，但旋即分崩离析成众多小国。8 世纪末，遭爪哇夏连特拉王朝入侵，遂沦为其附庸。802 年曾被夏连特拉虏为人质的阇耶跋摩二世驱逐爪哇势力，真腊重新统一。唐元和九年（814）据史载为真腊向唐朝的最后一次遣使。此后从唐末五代至宋代初年，从公元 9 世纪初至 12 世纪初的三百多年内，由于中国国内动乱和分裂，真腊吴哥王朝又处于与占城的战争状态，中国与真腊双方交往一度陷于沉寂与低潮。

宋元时期的中柬友好交往，周达观与《真腊风土记》

北宋王朝建立后，中国回归一统，中国的政治经济重心向南推进，与海外的联系更为紧密。由于造船和航海技术的进步，指南针的应用，宋代与海外交通大发展。宋代以前，中国对外商港以广州为主，宋以后，东南沿海一系列对外贸易港口兴起。泉州、扬州、明州（今宁波）、杭州成了国际商贸城市，海南和广西钦

① 《旧唐书》卷二九。
② 杜佑：《通典·乐四》。
③ 参阅周伟洲：《扶南乐与骠国乐》，载林超民主编《民族学通报》第 1 辑，云南大学出版社，2001 年版第 284 ～ 288 页。

州也成为外贸港口。元代在两宋的基础上进一步开拓海上丝绸之路，在海外经贸方面有新的建树。宋元时期，中国与柬埔寨真腊王朝的关系恢复和发展起来。

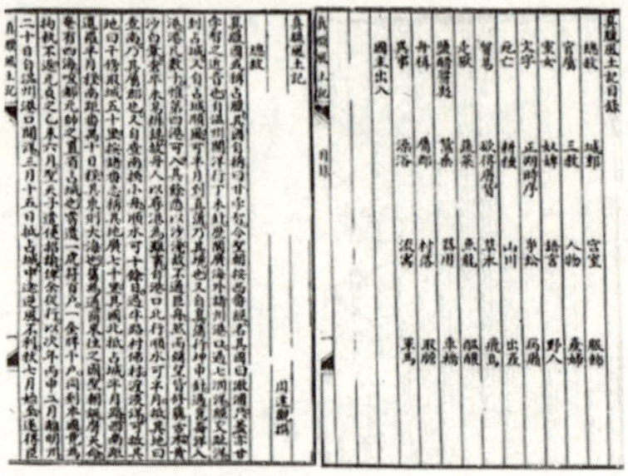

《真腊风土记》书影

据统计，在两宋时期，真腊曾 7 次遣使访华并进献礼物，其中北宋 3 次，南宋 4 次。[1]12 世纪初，以吴哥为中心的柬埔寨进入鼎盛时期。1111 年（宋徽宗政和元年）12 月真腊国王遣使来华献方物，[2]这是中柬关系重新活跃的开始。真腊著名的国王苏利耶跋摩二世登基（1113）后，于宋徽宗政和六年（1116）遣鸠摩僧哥等 14 名使者访问北宋王朝，进献方物，宋徽宗回赠朝服，并由史馆记录其事迹。随后，苏利耶跋摩二世又于宣和二年（1120）遣使来访，宋朝“官封其王”。建炎三年（1129）南宋王朝又授真腊国王以爵号，加食邑，并定为常制，[3]以增进双方关系。苏利耶跋摩二世去世后，陀罗尼因陀罗跋摩二世继位，继续发展与中国的友好

① 参阅陈显泗：《柬埔寨两千年史》，中州古籍出版社，1990 年版第 367 页。

② 见《宋会要辑稿》。

③ 《宋史·真腊传》。

交往。南宋绍兴二十五年（1155），他向中国遣使进献驯象。[1] 此外，吴哥王朝的属国真里富（位于今泰国井里汶附近）也曾于南宋时期数次遣使访问中国。

宋代中柬两国王朝之间除了以“遣使进献”和“赏赐加封”为基本方式的政治交往以外，官方的朝贡贸易和民间的经济交流颇具特色。东南亚国家盛产的象牙、犀角、香料等物为宋朝宫廷必备之物，而这些物品亦为真腊的特产，宋朝统治者甚为喜爱，不惜重金购取；真腊的统治者对中国的绯红罗绢、瓦器等也十分喜爱。真腊使者每次携来进献的礼物多为大象、象牙、犀角等，宋朝则常以数量更大的礼物回报。如庆和六年，赠给真腊的礼品有绯红罗绢达 1000 匹、绯缬绢 200 匹，还有瓦器，令庆元府“收买回赐”。此外还有米面酒等食品。朝贡贸易是以上层需要为主，而民间贸易则以互通有无为原则，并以海运为贸易通道。宋时中国与真腊航运便捷，“从泉州舟行顺风月余日可到”。[2] 真腊运来中国的是土特产品，特别是真腊出产的香料。周去非在《岭外代答》中说：真腊“最产名香，登流眉所产为绝奇，诸番国香所不及也”。[3] 赵汝适所撰《诸番志》指出：“沉香所出非一，真腊为上，占城次之，三佛齐、阇婆等为下。”[4] 真腊出产多种优质香料，深受中国人欢迎。此外，真腊还出产象牙、黄腊、翠毛、番油、姜皮、苏木等。真腊商人用海舶运来中国，在广州等港口蕃坊，中国商

① 见《宋会要辑稿》。
② 赵汝适：《诸番志·真腊国》。
③ 周去非：《岭外代答》卷二，真腊条。
④ 赵汝适：《诸番志》卷下，志物，沉香条。

人和外商用金银和瓷器、假锦、凉伞、皮鼓、酒、糖、醯醢等商品与之交换。

元朝国祚不足百年，元代与柬埔寨的使节来往各4次，共8次，平均每12年一次。[①] 在中柬关系史上，元朝没有出现如梁朝和唐朝那样频繁交往的高潮，但也没有发生武装入侵导致关系恶化的事件，双方交往处于和平正常的状态。元初，元世祖忽必烈曾遣使赴真腊“招谕”。至元二十二年（1285），真腊遣使进献乐工、送药材、鳄鱼皮等礼物。[②] 元成宗元贞二年（1296），元朝派使团出使真腊，受到真腊王朝的殷勤接待。浙江温州人周达观随使团访问，于当年八月到达吴哥，在那里逗留约一年，于翌年六月回国。周达观对真腊的访问是中柬关系史上光彩的一页。他的巨大贡献是，根据亲身所见所闻，撰写了一部备受国内外学者推崇的名著——《真腊风土记》。

周达观访柬年代，正是吴哥王朝繁荣昌盛时期，所撰的《真腊风土记》翔实而生动地描写吴哥王都和吴哥寺塔的伟大建筑和雕刻，广泛叙述了当地的社会经济活动，包括农业、工业、贸易等，并真实地记述了当地人民的日常生活，包括衣、食、住、行等情况。夏鼐先生说：“这各方面的史料，是现存同时人所写的吴哥文化极盛时代的唯一记载。”[③]《真腊风土记》不但给柬埔寨的吴哥时代留下了历史和文化的第一手宝贵资料，也是研讨中柬友好关系史

① 参见陈显泗：《柬埔寨两千年史》，中州古籍出版社，1990年版第378页。
② 参阅《元史》卷一一，卷一三。
③ 夏鼐：《真腊风土记校注》，中华书局，1981年版第1页。

的十分珍贵的文献。

第一，《真腊风土记》以生动逼真的笔墨描绘了吴哥通王城、宫殿和寺庙。这些建筑和雕刻艺术无疑是柬埔寨人民天才创造的成果，它既深受印度文化的影响，同时学者们也从王城吴哥通的建筑布局和寺庙回廊的浮雕和绘画中看到了中国文化影响的印记。《真腊风土记》在“城廓”一节中描述：吴哥通“州城周围可二十里，有五门，门各两重。惟东向开二门，余向皆一门，城之外皆巨濠，濠之上皆通衢大桥”。[①] 据学者研究，吴哥通王城东墙开有两门，中心为王家寺庙巴容寺，其建设布局完全是中国式的。[②] 可见，周达观的著作为我们研究中柬文化艺术的相互影响与融合提供了有价值的资料。

第二，《真腊风土记》在“总叙”中，具体地记述了中国通向柬埔寨吴哥的海上航线和路程：“自温州开洋”，历闽、广海外诸州港口，经交趾洋（今北部湾）到占城，过昆仑洋（今越南与柬埔寨南端海面），入湄公河口，沿河北上，渡“淡洋”，即洞里萨湖，在湖西北登岸，再陆行抵京城吴哥。其中记有航行时间、沿途地点，还有对湄公河口与河道的情况以及两岸景色的描述，这是研究中柬海上交通史的宝贵文献。

第三，《真腊风土记》在“贸易”“欲得唐货”等节中，记载了华商在当地贸易和唐货（中国商品）在柬交易的情况，内容颇为丰富、翔实。他写道：“国人交易，皆妇人能之，所以唐人到

① 夏鼐：《真腊风土记校注》，中华书局，1981 年版第 43 页。
② 参阅杨保筠：《中国文化在东南亚》，大象出版社，1997 年版第 61 页。

彼，必先纳一妇人者，兼亦利其能买卖。”又说：当地“不出金银，以唐人金银为第一，五色轻缣帛次之，其次如真州（今江苏仪征）之锡镴、温州之漆盘、泉处之青瓷器及水银、银硃、纸劄、硫黄”等等。周达观还提及真腊达官显贵所用仪仗，伞皆中国红绢为之。百姓日用品也广泛使用中国货。[①] 从中可以了解到当时中柬通商贸易的发展。

第四，《真腊风土记》还记录了中国移民在当地的情况。中国人在元代前已迁移柬埔寨，周达观说他在真腊遇到同乡薛氏，寓居当地已 35 年，即在南宋景定年间（1260—1264）。据其记载，唐人经商者必先娶当地会买卖的妇女为妻，唐人为水手者，因其国“米粮易求，妇女易得，居室易办，器用易足，买卖易为”，且当地人“最朴，见唐人颇加敬畏，呼之为佛”，[②] 易与相处，故移居当地的中国人很多。

周达观访问真腊时，带去了荔枝种子，撒播在吴哥以北一座山上，据说荔枝只有在这座山上才能成活，因而人称“中国荔枝山”，它是中柬两国人民友谊永世长存的象征。为纪念这位中柬友好的使者，柬埔寨工匠在吴哥地区为周达观竖立了一座石雕像。[③]

① 参见夏鼐：《真腊风土记校注》，中华书局，1981 年版第 146 ～ 148 页。
② 同上，第 146 页，第 180 页。
③ 杨保筠：《中国文化在东南亚》，大象出版社，1997 年版第 19 页。

中柬友好的第三次高潮，明清时期的经济文化交往

14 世纪初，1329 年真腊遣使到元朝贡献礼物后，中柬外交交往一度沉寂下来，直到明王朝建立后，中柬关系才迈入一个新阶段，并掀起了一个前所未有的新高潮。这个高潮从 14 世纪 70 年代起，持续至 15 世纪中期，历时将近一个世纪。明朝初年，中国大力开拓海外事业，发展与周边邻国，包括柬埔寨的睦邻友好关系与经济文化的交流。特别是明成祖时期，明朝主动派使团出访东南亚国家。郑和船队七下西洋，这一空前壮举更将中外关系，包括中柬友好关系推上历史的新高峰。

柬埔寨的吴哥王朝此时东面仍有占城的威胁，西面面临新崛起的暹罗王朝入侵的危险，急需获得明王朝的声援，因而积极发展与中国的友好关系。

这一时期，中柬两国使节来往频繁，其密切程度超过前两次高潮。据史载，柬埔寨吴哥王朝向中国遣使达 23 次，其中明太祖洪武年间 13 次，明成祖永乐年间 8 次，永乐以后 2 次。遣使密度平均为 12 年一次，仅次于梁朝的每 5.5 年一次，但以外交关系实际存在的时间而言，与梁朝相当，均为每 3.5 年一次。而明朝使者出使柬埔寨的次数则大大超过以往诸朝代。以前常是真腊单方面遣使进献较多，而中国王朝遣使出访很少，梁朝仅 2 次，唐朝只 1 次，而明初派出使团出访有 10 次，洪武、永乐年间各 5 次。重要的有永乐初年尹绶的访问，郑和船队也可能访问了柬埔寨。[①]

---

① 据《明实录》《明史·本纪》和《明史·真腊传》；参阅谭实等：《柬埔寨》，广西人民出版社，1985 年版第 187 ～ 188 页。

永乐初年（一说为元年即1403年），御史尹绶奉旨率团访柬。他从广州港启程，由海道经占城，入湄公河北上，渡洞里萨湖，抵吴哥王城，通报明成祖即位，表达发展两国关系的意愿，受到吴哥国王的盛情接待。他回国后，根据此行所见所闻，“悉绘为图”，进献永乐帝，①但可惜这幅极有价值的历史地图没有流传下来。永乐至宣德年间，郑和七下西洋，遍历三十余国，有学者认为其中包括真腊。随郑和船队访问的费信在所著的《星槎胜览》中记述了真腊国的山川、物产、交易、风土、人情等社会情况。②为纪念中国友好使者郑和，在柬埔寨的磅湛市建有三保公庙。③

永乐年间，明朝与真腊在政治上保持着融洽和亲善的关系。中国使团出使真腊，有3名部众潜逃，永乐二年（1404）真腊王“以其国三人代之”，永乐帝得知说：“中国人自遁，何预彼事而责偿。且得此三人语言不通，风俗不谙，吾焉用之？”命赐衣服及路费遣还真腊。④永乐三年（1405）下令在广州设“怀远驿”，作为接待真腊等国使者的馆驿。永乐五年（1407）又在南京设“四夷馆”，以培养外事翻译和接待使者，其中“回回馆”专门负责接待真腊使者。明初，真腊来明朝的贡使以其国数被占城侵扰，久留不去，永乐帝遣中官送他们回国，并敕占城国王罢兵修好。⑤这几件事显示了当时中柬两国相互支持和信任的友好关系。

---

① 严从简：《殊域周咨录》卷八。

② 费信：《星槎胜览》后集，真腊国条。

③ 三保公庙在20世纪70年代一度被毁，90年代重建。参见2005年9月18日出版的香港《亚洲周刊》。

④ 《明太宗实录》卷三四。

⑤ 《明会要·真腊》。

明代中柬经济贸易规模扩大，空前发展。在朝贡贸易方面，贡品种类增多，数量巨大。《明实录》记载，洪武二十年（1387）贡象59头，香60万斤；洪武二十一年（1388），象28头，象奴34人，番奴45人。进献大象数十头，且随带有驯象人，这是前所未有的。另一方面，明朝回赠的礼物也非常丰厚。例如，洪武十六年（1383），明朝使团赠吴哥国王织金文绮32匹，瓷器19万件。[①]明初，严格实施朝贡制度，限制私商贸易，甚至实行“海禁”政策，但对外的民间贸易虽受影响却没有停止，中柬民间贸易往来仍较频繁。每年冬春，中国商船乘东北季风从浙闽粤赴柬，夏秋季节利用西南信风回航。运往柬埔寨的货物有金银、烧珠、绫罗杂缯、瓷器、糖果等。张燮所撰的《东西洋考》记载了真腊和中国商人到柬埔寨交易的情况，说：“船至篱木，以柴为城，酋长掌其疆政，果币将立，遂成贾而征偿。”又说当地人“秉性颇直，以所铸官钱售我，我受其钱，他日转售其方物以归。市道甚平，不犯司虣之禁”。[②]以木料建成的这座“篱木州”，既是中国商人进行贸易的港口，又是华人聚居的“客寓处”。在地方头领“酋长”的主持下，华商与当地人开展平等互利的贸易。

16世纪末，吴哥王朝衰落。1594年王都洛韦被暹罗攻陷，真腊成为暹罗的附属国，从此进入柬埔寨王国时期。这一时期，中柬邦交中断，但经贸和民间交往仍继续，特别是中国人集体向柬埔寨的迁移为一显著特色。

---

① 《明史·真腊传》卷三二四。

② 张燮：《东西洋考》，中华书局，1981年版第55页。

明末清初，中国抗清失败将领和东南沿海地区的劳动人民，为谋取生存大批漂洋过海来到湄公河三角洲，即下柬埔寨地区。重要的事例首先有康熙十年（1671），广东雷州人莫玖带领四百多人从雷州港口出发，乘船南航到柬埔寨的蛮衾（今河仙）地区。他安顿了随从人众之后，亲赴柬京乌东会见了国王阁耶吉塔四世。国王友好地接待了他，并委任他为蛮衾地方的长官——屋牙。莫玖带领华人和当地人开垦荒地，建立村社，兴修水利，开采银矿，修筑港口，以便商船停泊，兴建方城，以保障安全，把蛮衾地区逐步发展成为一个繁荣的市镇和商船汇集的海港，是 18 世纪东南亚地区的重要港口，人们称为“小广州”。根据当地“常有仙人出没于河上的传说”，蛮衾被更名为“河仙”。1735 年莫玖去世后，莫天赐继承父业，进一步开发河仙。①

1679 年夏，有另一批更大规模的中国移民进入下柬埔寨地区。他们也是南明灭亡后不愿臣服清朝的政治难民，先到越南中部而后辗转至柬埔寨的东埔地区（今越南西贡、嘉定一带）。据记载，当年 4 月，明朝广东龙门总兵官杨彦迪、副将黄进和镇守高雷廉等地的总兵官陈尚川、副将陈安平率领部下三千多人，乘战船五十余艘到达越南岘港。越南阮氏王廷召集大臣商议。他们不愿把“异俗殊音”的中国人安置在自己的统治地区，便把杨、陈及其部下遣往柬埔寨的东埔，即湄公河三角洲一带“拓土效力”。那里沃野千里，尚未充分开发。杨彦迪部驻在美荻、定祥，陈尚

① 《河仙镇叶镇莫氏家谱》；张文和：《越南华侨史话》，台北，黎明文化事业股份有限公司，1975 年版第 34 ～ 35 页。

川部驻在嘉定、边和。这批中国移民辛勤劳动，垦荒种地，兴建城镇，发展商业，把一片草莽丛生的荒芜地带变为繁荣发达的地区，并吸引了西洋、日本、马来亚等国商船前来贸易。17世纪末至18世纪后半叶，越南封建王朝逐步兼并了下柬埔寨地区。中国移民和当地人共同开发和建设河仙和西贡嘉定，以及整个湄公河三角洲地区，中国文化也在当地迅速传播。

结语

综上所述，地处中南半岛的越南、老挝和柬埔寨三国，是我国的近邻，与我国有紧密的历史文化联系。本文阐述了中国与越老柬三国政治关系、经贸关系、移民交往，特别是文化交流的基本轨迹。在古代历史上，越南曾为中国的郡县，独立后与中国建立了“宗藩”关系，受中华文化的熏陶，属“中国文化圈”，中越文化的交流时间长、范围广，影响最深。老挝和柬埔寨与中国一直保持着和平友好的睦邻关系，从未兵戎相见，没有发生过冲突和战争。

中国与越老柬三国诸王朝在政治上保持以朝贡与回赐为基本内容的邦交关系；在经济上以官方的朝贡贸易为“大纲”，民间的贸易为补充；而人民之间的相互迁移往来不断。中国派驻越南的官员和移居当地的文人，以及遣往三国的使节留下的记载，为研究中国与三国的关系史留下了极为珍贵的历史文献。

地处中印文化交会点的越老柬三国，受到中印两大文明古国的影响。以儒、释、道为主的中国传统文化输入越南，与越南的本地文化相结合，成为越南的民族文化的核心。老挝、柬埔寨的上座部佛教来自印度，受印度的影响，但柬埔寨与中国有宗教文化的频繁的交流。

文化交往与传播从来是双向的，具有很强的互动性特征。中国文化对越老柬三国文化发生了程度不同的影响，而三国文化又具有本民族的特色，并对中国文化的丰富和发展做出了贡献。

近代以来，越老柬三国相继沦为法国的殖民地保护国，与中国的邦交中断。但二次大战后，三国先后赢得独立，在中华人民共和国成立后，中国恢复了与它们的友好往来，建立了平等的新型睦邻伙伴关系，从此中国与越南、老挝和柬埔寨三国的关系进入新的历史时期。

主要参考文献：

1. [新] 尼古拉斯·塔林主编：《剑桥东南亚史》Ⅰ、Ⅱ，贺圣达等译，云南人民出版社，2003 年。

2. [英] D.G.E. 霍尔：《东南亚史》，中译本，商务印书馆，1982 年。

3. 陈序经：《陈序经东南亚古史研究合集》，海天出版社，1992 年。

4. [日] 山本达郎主编：《ベトナム中国関系史》日文版，日本山川出版社，1975 年。

5. 贺圣达：《东南亚文化发展史》，云南人民出版社，1996 年。

6. 陈玉龙等：《汉文化论纲》，北京大学出版社，1993 年。

7. 范宏贵：《同根生的民族——壮泰各族渊源与文化》，光明日报出版社，2000 年。

8. 中国社科院历史研究所编：《古代中越关系史资料选编》，中国社会科学出版社，1982 年。

9. 景振国主编：《中国古籍中有关老挝资料汇编》，河南人民出版社，1985 年。

10. 陈显泗、许肇琳等编：《中国古籍中的柬埔寨史料》，河南人民出版社，1985 年。

11. 陈玉龙：《中柬友好关系的三次高潮》，载《中国与亚非国家关系史论丛》，江西人民出版社，1984 年。

12. 张秀民：《中越关系史论文集》，台北文史哲出版社，1992 年。